Sous la direction de
Christiane Pébrel

LA GESTION MENTALE À L'ÉCOLE

CONCEPT ET FICHES PRATIQUES

Ouvrage réalisé par le groupe Recherche-Action Aquitaine

avec :
Jeanne Brunet
Monique Chabaneau
Françoise Clion
Brigitte Dejean
Armelle Géninet
Christine Labadie
Bernadette Lacaze
Catherine Manhaviale
Elisabeth Satgé

RETZ
1, RUE DU DÉPART
75014 PARIS

Secrétariat éditorial : Nathalie Autret
Réalisation PAO : A.G.D., Dreux, 28100
Schémas : Claudine Pifféro.

« Il y a en tout être
infiniment plus que lui-même… »

Marguerite Yourcenar

À Marie-Geneviève Prunier,
Directrice adjointe de la DDEC de Bordeaux,
qui a permit au groupe d'exister,
avec notre reconnaissance et notre amitié.

Merci à Benoît Hagenimana,
Professeur de philosophie et passionné de pédagogie,
pour son aide à la relecture de cet ouvrage.

Sommaire

Introduction

> « Il s'agit de transformer
> ce combat de vaincus
> en un combat de vainqueurs. »
> *Antoine de La Garanderie*

Les travaux d'Antoine de La Garanderie

Cet ouvrage s'appuie sur les travaux d'Antoine de La Garanderie. Concepteur de la gestion mentale, né en 1920, il est diplômé d'études supérieures de philosophie, certifié en biologie animale et végétale. Docteur ès lettres, il enseigne actuellement à l'Université catholique de l'Ouest et dirige des recherches à l'université de Lyon II.

L'originalité de ses recherches réside dans l'analyse des stratégies mentales d'apprentissage des élèves en situation de réussite. Cette analyse lui a permis de dégager les lois du fonctionnement mental dans le domaine cognitif.

Parlant de sa démarche, il la qualifie de non pasteurienne et se reconnaît beaucoup plus dans celle de Claude Bernard. La première consiste à rechercher les éléments pathogènes, c'est-à-dire « perturbateurs », et à proposer des « remèdes ». La seconde s'intéresse davantage aux agents philogènes, c'est-à-dire « facteurs du succès* ».

Beaucoup d'enfants découvrent seuls, consciemment ou non, leurs stratégies mentales d'apprentissage et donc de réussite. D'autres, par méconnaissance et/ou par non-utilisation de ces stratégies, tâtonnent parfois de longues années, se découragent, perdent toute motivation et se trouvent en situation d'échec. C'est en décrivant précisément comment la pensée procède efficacement que l'on donne à ceux qui échouent les moyens de la réussite.

La pédagogie de la gestion mentale tend à réduire ces périodes de tâtonnements. Conscient de son potentiel et confiant dans ses capacités à l'utiliser, l'enfant y trouve la source de sa motivation.

* A. de La Garanderie, *La Motivation,* Le Centurion, Paris, 1991.

D'autres pédagogies se sont intéressées aux mécanismes mentaux d'apprentissage, mais la plupart se sont penchées sur les différents canaux d'entrée (visuels, auditifs, kinesthésiques) et sur les formes que pouvait revêtir la restitution. Les mécanismes mentaux eux-mêmes n'étaient que « sous-entendus » et jamais rendus conscients.

Antoine de La Garanderie, pour la première fois, cherche à décrire ce qui se passe dans la « boîte noire » de l'apprenant. Il va plus loin qu'une simple description puisqu'il élabore, à partir de ses observations, des stratégies permettant à la personne d'enrichir ses propres procédures mentales et de pallier ses difficultés.

En centrant toute sa pédagogie sur l'évocation et sur son importance dans l'acte d'apprendre, La Garanderie fait figure de novateur.
Depuis la publication de ses travaux, d'autres pédagogues et chercheurs ont intégré dans leurs propositions l'évocation*, comprenant à quel point la prise en compte de ce niveau mental était indispensable à tout apprentissage. Cependant Antoine de La Garanderie a été le premier à faire de cette notion, seulement sous-entendue par Piaget, le cœur de sa pédagogie.
D'autre part, il reste le seul à préconiser une explicitation, par le dialogue pédagogique, du contenu de l'évocation. De cette prise de conscience naîtra la possibilité, dans une situation donnée, d'un transfert de telle ou telle stratégie. Instruit du « comment faire », l'enfant peut « se mettre en projet* » de réutiliser cette procédure.

La gestion mentale l'amène à gérer par lui-même des situations d'adaptation. Elle met en place des structures mentales qui lui permettront une adaptation aux problèmes et non une adaptation par reproduction du modèle.

À partir de cas précis, l'enfant va acquérir des structures transférables et durables.

ORIGINALITÉ DE LA PÉDAGOGIE DE LA GESTION MENTALE

Dans la pratique pédagogique, trois temps sont à prendre en considération :
- le message est énoncé par l'enseignant ;
- l'élève perçoit le message ;
- l'élève restitue une connaissance qui est évaluée par l'enseignant.

* Cf. chapitre 3.

Ce schéma illustre cette procédure :

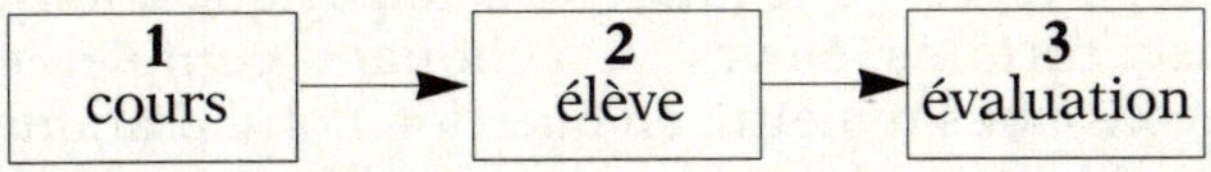

L'enseignant traditionnel allait du **1** vers le **3** : c'était et cela reste parfois le cours magistral. L'apport de la pédagogie par objectifs va inverser le sens de l'enseignement. L'enseignant va moduler le cours (**1**) en fonction des objectifs à atteindre et qui seront évalués (**3**)**.** La pédagogie s'oriente donc du **3** vers le **1.**
La plupart des pédagogies actuelles s'inspirent de ce schéma.

La gestion mentale, tout en suivant ce sens, va prendre en compte le **2**, c'est-à-dire l'élève et ses caractéristiques intrinsèques. La démarche devient donc :

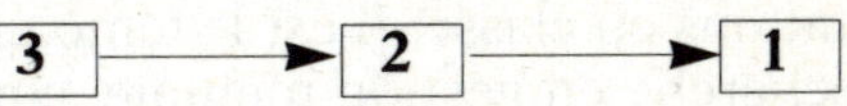

Habituellement lorsqu'on veut évaluer une pratique pédagogique de l'ordre de **1**, on part du **3** :

Si **3** est bon, alors **1** est bon;
Si **3** est mauvais, alors **1** est mauvais.

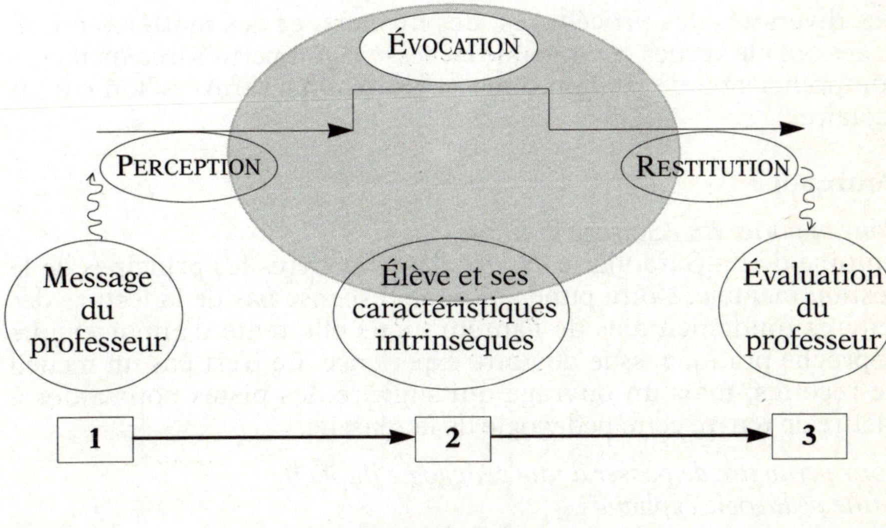

Les trois temps de la pratique pédagogique

Or la gestion mentale de l'élève peut tout changer. Quel enseignant n'a pas fait l'expérience d'une pratique pédagogique donnant de bons résultats avec certains élèves et échouant complètement avec d'autres ? Devons-nous remettre en question notre pratique ? Devons-nous taxer les enfants en échec de « non-intelligence » ? Interrogeons-nous : s'y prennent-ils de la même façon pour comprendre, réfléchir, mémoriser ?... ont-ils la même gestion mentale ? notre gestion mentale favorise-t-elle leur compréhension ?...

CETTE PUBLICATION : PAR QUI ? POURQUOI ? POUR QUI ?

Par qui ?

Cet ouvrage est le fruit de plusieurs années de recherches et d'expérimentations en classe. Il est le témoignage de la pratique d'un groupe de recherche en gestion mentale, constitué d'enseignants de maternelle, de primaire, de classes spécialisées, de collège, de lycée, et d'une psychologue de l'éducation.

Nous avons commencé par une recherche sur nos propres structures mentales d'apprentissage, démarche préalable indispensable pour toute personne désireuse de s'initier à la pédagogie des gestes mentaux.
Les diversités des procédures, des niveaux, et des matières enseignées ont été vécues comme une richesse et ont permis une meilleure compréhension de l'enfant dans sa globabilité à travers son cursus scolaire.

Pourquoi ?

Pour apporter un éclairage pratique
Antoine de La Garanderie expose dans ses livres les principes de la gestion mentale. Notre publication ne dispense pas de la lecture des œuvres fondamentales de l'auteur, mais elle tente d'apporter une approche pratique issue de notre expérience. Ce n'est pas un recueil de recettes, mais un ouvrage qui suggère des pistes pour aider à mettre en œuvre cette pédagogie de la réussite.

Pour permettre de passer d'une pédagogie implicite à une pédagogie explicite
Renseigné sur le « comment faire » et conscient de ses fonctionnements, l'enfant devient acteur à part entière de son apprentissage.

Renseigné sur les lois du fonctionnement mental, l'enseignant dispose d'une grille d'analyse lui permettant de mieux comprendre sa pratique pédagogique et de l'ajuster à une classe donnée en tenant compte des individualités.

Pour témoigner

Nous avons constaté de réels progrès dans l'acquisition des savoirs, des savoir-faire, des manières d'être chez les enfants bénéficiant d'une telle pédagogie.

Ces progrès sont dus à une éducation des gestes mentaux, à un élargissement de la palette évocative dès le plus jeune âge. L'enfant, petit à petit, porte un nouveau regard sur lui-même, prend confiance dans ses capacités, s'autorise à les utiliser, et dépasse ainsi ses blocages.

Pour qui ?

Nous nous adressons à toute personne engagée dans une action éducative :

– aux enseignants, qui sont évidemment les premiers concernés ;
– aux parents, qui, par l'intermédiaire de ce livre, peuvent être amenés à porter un autre regard sur leur enfant ;
– aux orthophonistes, qui trouveront un nouvel ancrage de leur pratique ;
– aux psychologues de l'éducation, à qui la gestion mentale apporte une grille d'analyse supplémentaire* ;
– enfin, à tous les éducateurs chargés d'alphabétisation, de rééducation et de soutien scolaire.

> Nous insistons sur le fait que la gestion mentale, si elle donne un éclairage nouveau, ne remplace et n'exclut aucune autre pédagogie. Elle apporte un fondement à l'ensemble des différentes pratiques pédagogiques des enseignants.

LE PLAN DE L'OUVRAGE

La première partie se propose d'exposer les concepts de la gestion mentale et d'en montrer les applications pédagogiques à l'école. Afin

* Revue *Gestion mentale n° 2,* Actes du colloque d'Angers, conférence Michel Giroul, Bayard Éditions, Paris, 1991.

de faciliter au lecteur une prise de conscience de ses propres procédures, deux exercices sont donnés en fin du chapitre 1. En effet, l'utilisation de la pédagogie de la gestion mentale en situation de classe ou en situation d'aide individuelle ne peut se faire sans la prise de conscience par l'enseignant de ses propres structures mentales d'apprentissage.

La seconde partie regroupe les applications pédagogiques de la gestion mentale. Elle présente des exemples de fiches méthodologiques à l'usage des maîtres et des élèves. Les fiches à usage des élèves ont été élaborées par eux avec l'aide de enseignant .

La conclusion exposera les changements opérés par cette pédagogie, aussi bien chez les enseignants que chez les élèves et leurs parents.

PREMIÈRE PARTIE

LA GESTION MENTALE, UNE PÉDAGOGIE ISSUE DE L'OBSERVATION

Étudions quelques cas observés couramment.

Alice ou le projet de réciter

Alice apprend sa leçon le soir, à la maison, et la récite à sa maman. Le lendemain à l'école, elle ne la sait plus :
– manque-t-elle de mémoire ?
– est-elle trop émotive en classe ?
– a-t-elle « mal » appris sa leçon ?

En rentrant le soir chez elle, Alice est capable de la réciter à sa maman. Lorsqu'on interroge Alice sur sa façon d'apprendre sa leçon, on s'aperçoit qu'elle ne se situe jamais dans lc contexte de la classe pendant qu'elle étudie. À aucun moment, elle ne s'imagine en classe en train de réciter sa leçon.
Son unique projet est de réciter à sa mère. Le seul « cadre » où s'inscrit son « imaginaire d'avenir » est celui de sa maison, avec sa maman, et non l'école.

Émilien et Jean et l'apprentissage de la lecture

Émilien en CM2 continue à lire très lentement. Il ânonne. Son environnement le taxe d'« enfant lent » et s'inquiète pour son entrée en sixième.
Après un dialogue pédagogique, on découvre qu'Émilien, lorsqu'il « voit » un mot, ne peut le prononcer directement. Il doit se faire une

image de l'objet concret représenté par le mot pour pouvoir le prononcer. (Il voit « chat ». Dans sa tête, il lui faut voir le vrai chat, pour prononcer « chat ».)
Si le mot ne suscite pas en lui une « image », il ne pourra pas être prononcé.

Jean lit plus vite, mais il dit très souvent un mot pour un autre, aussi est-il accusé d'inattention ! Quel est son mode de traitement mental des mots ?
Jean n'enregistre que les « structures phonétiques » des mots. Il les « ré-entend » dans sa tête mais ne les revoit jamais. Il ne code pas les structures graphiques... Lorsqu'il lit, ne reconnaissant pas certaines structures visuelles, il essaie d'autres mots, se laissant guider par le sens de l'histoire.

Alice, Émilien, Jean... ne sont que des cas parmi bien d'autres.

L'analyse de leur fonctionnement mental permet chaque fois de comprendre leurs difficultés (en termes de structures mentales d'apprentissage) et de trouver avec eux les moyens à mettre en œuvre pour les résoudre.

La réussite scolaire de l'élève, dans une disciple déterminée, dépend donc de ses habitudes mentales évocatrices : il perçoit, puis transforme ses perceptions en évocations, en privilégiant certains types d'images mentales (visuelles, auditives, kinesthésiques). Ces contenus évocatifs, suivant leur degré de concrétisation, peuvent se classer en paramètres.

Réussir à l'école nécessite aussi une mise en projet antérieure à tout acte d'apprentissage, condition sine qua non d'une réalisation efficace des gestes mentaux (mémorisation, attention, réflexion, compréhension, imagination).

L'enrichissement des procédures et l'exploitation de toutes les ressources pédagogiques de l'élève passent nécessairement par la prise de conscience de son propre mode de fonctionnement mental. Cette prise de conscience se fera par l'intermédiaire du dialogue pédagogique.

Pour Antoine de La Garanderie, chacun est appelé à réussir ; seule une saine introspection de notre fonctionnement mental nous permet l'épanouissement de toutes nos potentialités.

Chapitre 1

Les niveaux de conscience

LA PERCEPTION ET L'ÉVOCATION : DEUX NIVEAUX DE CONSCIENCE

Imaginons des enfants qui doivent observer le paysage au cours d'une promenade en forêt. Au retour, certains peuvent raconter et/ou dessiner ce qu'ils ont vu, avec plus ou moins de richesse. D'autres, au contraire, ne peuvent faire resurgir aucun souvenir.

Serait-ce là un manque d'attention, d'observation, de mémoire ?
Si un enfant, n'ayant plus le paysage sous les yeux, peut cependant le retrouver, nous dirons qu'il l'a non seulement perçu, mais évoqué.
Quelle distinction faisons-nous entre percevoir et évoquer ?

> <u>La perception</u> correspond à un premier niveau d'analyse du cerveau qui organise les sensations élémentaires issues de nos organes des sens, de façon qu'elles deviennent significatives.
>
> <u>L'évocation</u> se constitue dans le prolongement de la perception. C'est un « retour que la conscience opère sur un objet de perception » pour faire exister mentalement ce qui est perçu sous forme d'images* mentales, visuelles, auditives, olfactives... :
>
> évoquer, c'est **re-garder, re-entendre, re-sentir.**

* Noter que le mot « image » ne prend pas ici le sens de représentation visuelle, mais celui de structure mentale : visuelle, verbale, auditive, etc.

Deux niveaux de conscience

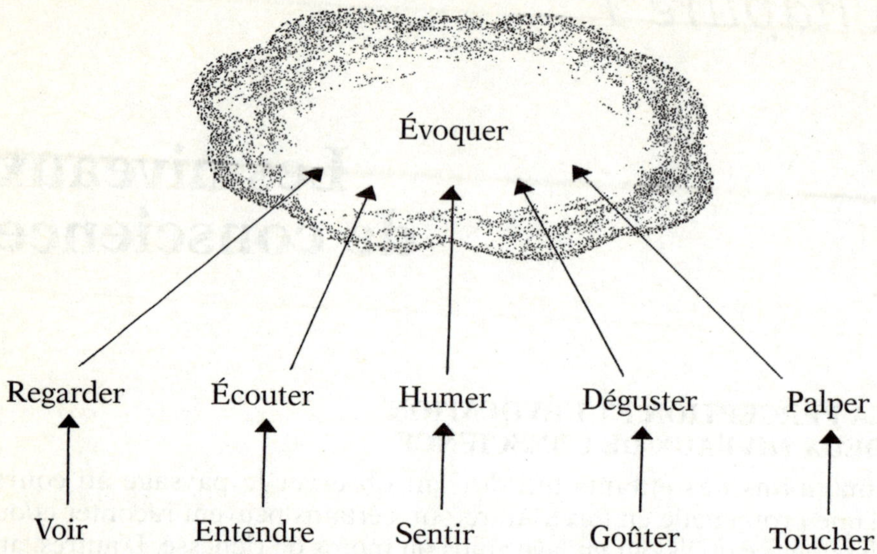

L'évocation se nourrit de la perception par des allers-retours sans cesse approfondis de la « chose perçue » à l'« objet évoqué ».

La qualité de la perception est essentielle. Elle constitue le point de départ de tout apprentissage, mais elle ne suffit pas pour promouvoir la chose perçue en « objet mental » ; or, seul l'objet mental permettra la conservation des messages perçus et, par-delà, la réflexion, la compréhension, l'imagination et la mémorisation.

Perception *et*	*Évocation*
• Ce qui est reçu par les cinq sens et reconnu par le cerveau	• Façon de faire vivre dans sa tête le monde extérieur = **cerveau actif**
	• Elle peut être spontanée ou dirigée
• en présence de l'objet de perception	• C'est la « traduction mentale » personnelle de ce que j'ai vu / entendu / senti / goûté / touché, en l'absence de l'objet de perception

LES CONTENUS ÉVOCATIFS

À la suite d'une même perception, nous n'avons pas tous les mêmes contenus évocatifs.

J'entends « pomme » (perception auditive) : que se passe-t-il ?
– j'imagine une pomme rouge, brillante...
– ou je vois le mot « pomme »,
– ou je me dis « pomme s'écrit avec 2 m »,
– ou je repense à la cueillette des pommes le week-end passé,
– ou je fredonne les premières notes de la Cinquième Symphonie
– de Beethoven « Pom Pom Pom Pom ! »

À partir du message verbal perçu, « pomme », le sujet s'est fait une image mentale qui peut être : visuelle, auditive, verbale, gustative, olfactive, kinesthésique.

La perception auditive a déclenché une évocation. Cependant, la nature de la perception ne préjuge pas la nature de l'évocation.

Il se peut que le sujet ne se soit fait aucune représentation : il n'y a pas eu de traitement mental du message, et le sujet est resté « en perception. »*

ÉVOCATION ET APPRENTISSAGE

La situation scolaire fait intervenir en permanence les deux niveaux de conscience. L'enfant perçoit les messages présentés par le maître (messages visuels, sonores, tactiles...). Ces messages doivent être évoqués (à l'aide de représentations mentales visuelles, auditives, kinesthésiques) pour pouvoir être réutilisés en l'absence de l'objet de perception.

Mais beaucoup d'enfants restent « en état de simple perception » lorsqu'ils sont à l'école. Leurs capacités évocatrices s'exercent surtout dans les domaines extra-scolaires. Par exemple, à peine ont-ils entendu une consigne qu'ils se précipitent dans une action « réflexe » alors que sur un stade ou un court de tennis ils sont capables d'intérioriser cette consigne. Nous verrons dans les chapitres suivants qu'il existe pour chaque tâche scolaire des évocations adaptées. Si un enfant a pris l'habitude, en entendant le mot « pomme », de n'évoquer que l'« objet » pomme, il ne pourra l'écrire correctement. La non-adaptation de l'évocation et des habitudes mentales prises très

* Nous n'analyserons pas ici les raisons affectives possibles de la non-évocation.

Exemple de la diversité des évocations possibles à partir d'un même message

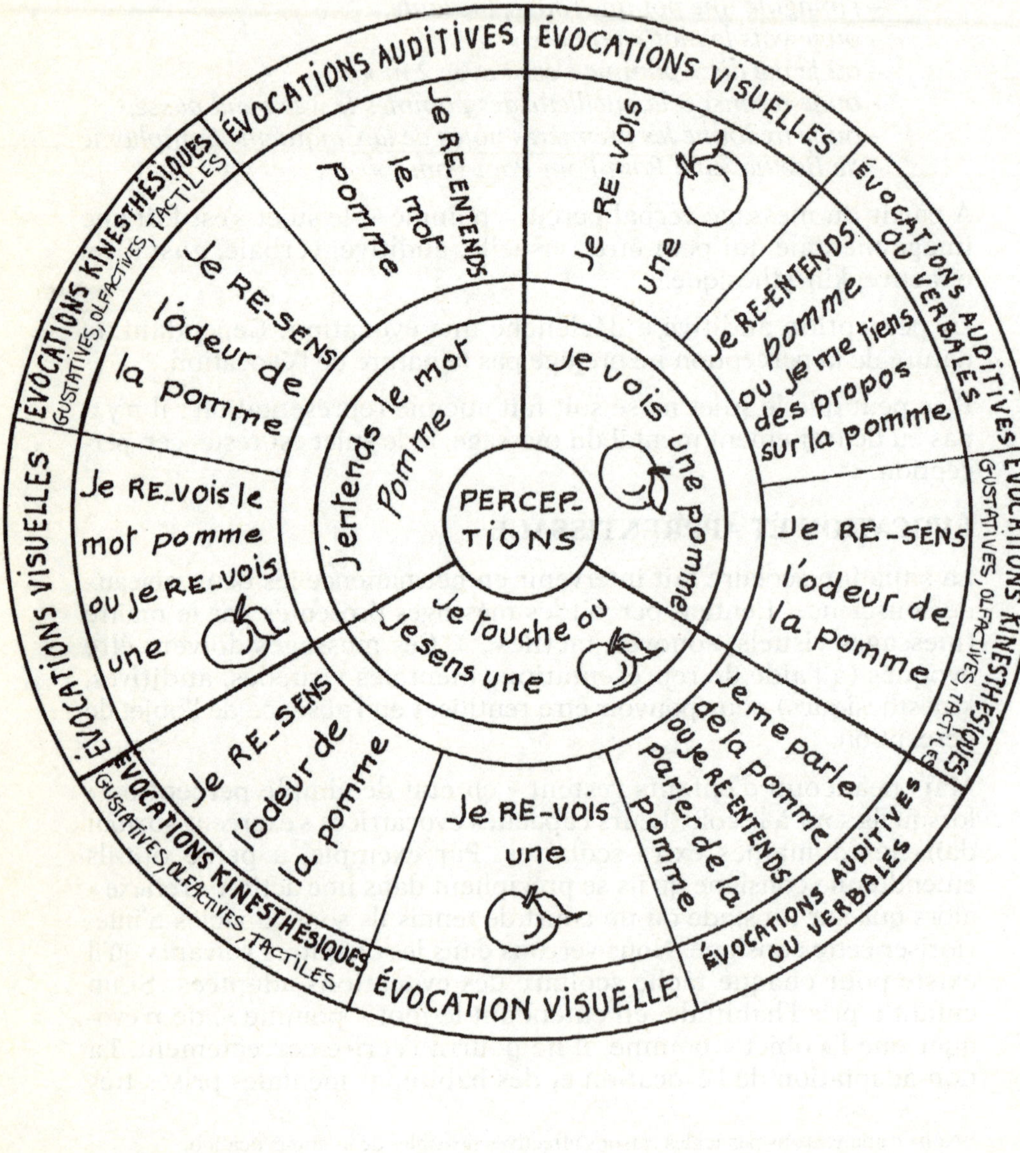

tôt est à l'origine des dysorthographies pédagogiques, comme nous le verrons dans le chapitre 2.

LES DIFFÉRENTS TYPES D'ÉVOCATIONS

Il existe différentes sortes d'évocations : les évocations vagabondes, faites essentiellement d'associations : une évocation en amène une autre, puis une autre... Elles sont permanentes, issues de notre inconscient. Certains en sont totalement habités et cela les conduit à de graves échecs scolaires. Les évocations dirigées : ces évocations concernent directement le message perçu. Elles peuvent, implicitement ou non, être dirigées de l'extérieur, et l'enfant peut ne pas en avoir conscience ; mais elles peuvent aussi être dirigées par le sujet lui-même qui acquiert ainsi son autonomie pédagogique... et c'est ce à quoi tend la pédagogie de la gestion mentale.

Certaines évocations sont tellement rapides, spontanées (car habituelles), qu'elles semblent surgir dans le même temps que la perception : faut-il du temps pour évoquer le soleil et en avoir l'intuition du sens à la seule perception du mot « soleil » ? Il nous devient alors difficile de séparer ce qui est de l'ordre de l'évocation et ce qui relève de l'acte de la perception ; certaines personnes affirment même ne pas avoir eu d'évocation. Nous ne pouvons mesurer l'importance de cette notion qu'en nous soumettant à des activités complexes.

Même en situation scolaire, certains élèves ne font pas d'évocations dirigées. Ils réagissent :
– soit par des évocations « émotionnelles » ;
– soit par des activités purement motrices : je vois... j'écris ; j'écoute... j'écris... ;
– soit en s'abandonnant à leurs évocations vagabondes et personnelles.

En classe, la pédagogie de la gestion mentale, en développant chez ces enfants le projet de se donner des évocations dirigées sur un objet de perception précis, procure le moteur indispensable à tout apprentissage.

Conséquences pédagogiques

– Diversifier la présentation du message (objet de perception) en utilisant des messages : visuels / auditifs / verbaux / tactiles / olfactifs...
– Ménager des temps d'évocation.
– Vérifier les évocations : les faire verbaliser.

LES HABITUDES MENTALES ÉVOCATIVES

L'utilisation privilégiée d'un type d'images mentales (visuelles, auditives, verbales...) ne semble pas relever d'une « pré-détermination ». Antoine de La Garanderie parle d'habitudes évocatives. En effet, ces images s'élaborent dans la vie mentale de l'enfant au moment où le processus de réflexion s'installe. L'enfant prend très tôt l'habitude d'exercer sa réflexion par la mobilisation d'images visuelles, verbales et/ou auditives. Le cerveau humain possède tous les réseaux voulus pour mobiliser les autres catégories de représentations mentales, mais l'habitude est contractée très tôt.

Ces habitudes trouvent leurs origines dans l'entourage de l'enfant : parents, enseignants, privilégiant les évocations visuelles, verbales, auditives...

L'observation nous amène à constater que certains enfants « n'utilisent plus » telle ou telle catégorie d'évocations lorsque ces dernières ont suscité à un moment donné des souffrances psychiques ; l'enfant ne veut plus « re-voir », ou « réentendre ». N'est-il, en effet, pas surprenant de voir resurgir très rapidement la catégorie d'images mentales non utilisées chez certains adultes ou adolescents lors d'un travail thérapeutique ou tout simplement lors d'une formation à la gestion mentale ?

L'école et la famille sont les lieux privilégiés d'enrichissement de la « palette évocative ». Les structures mentales ne sont pas figées ; ainsi un petit enfant « visuel » peut très rapidement acquérir des évocations auditives, verbales... et vice versa.

Il y a un lien intrinsèque entre l'habitude évocative et la façon dont un sujet procède pour comprendre, réfléchir, mémoriser, imaginer. En conséquence, il y a un lien entre une habitude évocative et la réussite ou la non-réussite dans un domaine scolaire. Ainsi, le sujet ayant pris l'habitude de réentendre la voix de l'enseignant et sa propre voix aura naturellement plus de facilité pour acquérir un bon accent, une langue étrangère, que celui dont l'habitude évocative est plutôt visuelle.

LA LOI DES ÉVOCATIONS

Nous avons attiré l'attention sur l'importance de se donner des évocations adaptées à la tâche à réaliser. Par exemple, un enfant qui, en séance de mathématiques, n'évoque que le matériel manipulé sans jamais y associer l'évocation du nombre rencontrera des difficultés dans l'acquisition de la numération.

Tel autre, qui ne peut pas visualiser dans sa tête des dessins, des graphismes, aura peut-être des difficultés en géométrie et en géographie. Il est donc important que, très jeunes, les enfants puissent acquérir des images mentales mixtes : visuelles et auditives.

Comment peut-on enrichir sa palette évocative ?

Les lois mentales nous montrent qu'un sujet ne peut enrichir ses évocations qu'à partir de ses propres habitudes mentales évocatives; un sujet visuel ne peut accéder à des évocations auditives qu'à partir d'un évoqué visuel préalablement existant; de même un sujet auditif ne pourra construire une évocation visuelle que s'il s'est donné, en premier, une évocation auditive qui lui permettra d'accueillir l'image visuelle.

> *Quelle que soit la nature de l'objet de perception*
> – C'est sur des évoqués visuels qu'un sujet visuel peut évoquer auditivement.
> – C'est sur des évoqués auditifs qu'un sujet auditif peut évoquer visuellement.

La connaissance et l'utilisation de cette loi vont permettre à l'enseignant de susciter chez les enfants trop exclusivement visuels ou trop exclusivement auditifs les images mentales absentes. L'enrichissement de la palette évocative de l'enfant conditionne la réussite de ses apprentissages.

Connaître les types d'images mentales utilisées par l'enfant (auditives, visuelles ou verbales kinesthésiques) est nécessaire; enrichir ses évocations est indispensable.

Étudions quelques exemples pour illustrer l'application pédagogique de cette loi.

Soit la figure suivante :

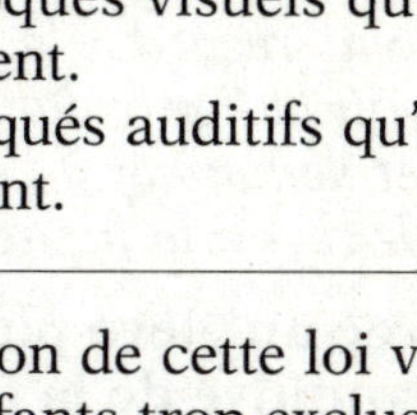

Comment pratiquer avec un élève plutôt auditif pour l'amener à évoquer visuellement cette figure

« Tu as vu cette figure, maintenant je te la cache et tu vas m'écouter pour redire dans ta tête ou pour réentendre ce que je vais te dire. » (Premier temps : mise en situation de projet.)

« Il s'agit d'un carré, figure qui a quatre côtés égaux et perpendiculaires. On a tracé les diagonales de ce carré ; ce sont les droites qui joignent les sommets opposés deux à deux. On a ainsi obtenu à l'intérieur de ce carré quatre triangles égaux. Dans le triangle de droite, on a fait deux points l'un à côté de l'autre. Dans le triangle du bas, au milieu, on a dessiné un rond, à l'intérieur de ce rond, il y a une croix. » (Deuxième temps : message auditif.)

Redonner plusieurs fois ce message auditif en laissant à l'élève du temps entre deux répétitions.

« Peux-tu le redire dans ta tête ?
– Oui.
– Alors répète-moi ce message. (Troisième temps : évocation.)
– Maintenant tu vas regarder la figure. En te redisant le message, essaie de revoir la figure dans ta tête. » (Laisser du temps.)
Effacer la figure et demander à l'élève d'essayer, tout en se redisant le message, de revoir la figure dans sa tête.

Comment pratiquer avec un élève plutôt visuel pour l'amener à avoir une évocation auditive de la figure donnée

« Tu observes cette figure, jusqu'à ce que tu sois capable de la revoir dans ta tête. » (Laisser du temps.)
« Est-ce que tu la revois dans ta tête ?
– Oui.
– Tu la gardes dans ta tête et tu vas m'écouter : il s'agit d'un carré, figure qui a ses quatre côtés de même longueur et perpendiculaires. On a tracé les diagonales de ce carré : ce sont les droites qui joignent les sommets opposés deux à deux. On a ainsi obtenu à l'intérieur de ce carré quatre triangles égaux. Dans le triangle de droite, on a fait deux points l'un à côté de l'autre. Dans le triangle du bas, au milieu, on a dessiné un rond, à l'intérieur de ce rond, il y a une croix. » (Répéter plusieurs fois le message à l'élève en situation d'évocation visuelle.)
« Est-ce que tu as le message dans ta tête ?
– Oui.
– Alors répète-le moi. »

On a donc fait faire

– À l'élève plutôt auditif, d'abord une évocation auditive de la figure pour l'amener à se mettre en évocation visuelle après la description auditive qu'il avait de la figure.

– À l'élève plutôt visuel, d'abord une évocation visuelle de la figure pour l'amener à mettre sur cette évocation visuelle la description qu'on lui en donnait en évocation auditive.

LE CODAGE DE L'ÉVOCATION

C'est le degré d'implication de la personne dans ses évocations.
Certains réentendent leur propre voix, ou se revoient en train de refaire le geste, ou s'imaginent agissant... Ils sont acteurs dans leurs évocations, nous disons qu'il y a codage en première personne.
D'autres réentendent la voix de l'enseignant, ou le revoient en train de faire un geste, un schéma, un dessin..., ils sont extérieurs à leurs évocations, nous dirons qu'il y a évocation en troisième personne.
Un excès de codage en première personne entraîne une « activité précipitante » : interprétation trop personnelle d'un énoncé ou d'une consigne, engendrant parfois une altération du sens. L'élève risque même, dans son désir de faire par lui-même, de négliger l'indispensable étape de l'évocation. Antoine de La Garanderie parle à ce sujet de sensori-motricité.
Un excès de codage en troisième personne entraîne une « émotivité bloquante » : le sujet se refuse inconsciemment à agir, car celui qui réussit, c'est l'autre ! Il ne peut réussir que par l'autre.
Un entraînement au passage d'un codage à l'autre est nécessaire. Outre l'équilibre personnel du sujet, certaines activités scolaires nécessitent les deux codages : apprentissage d'une langue étrangère, d'un son, etc. Ainsi, en apprenant une langue étrangère, le sujet doit réentendre la voix de l'autre et réentendre sa propre voix ; c'est la comparaison des deux qui permettra d'acquérir un bon accent. De même, l'apprentissage d'un geste sportif nécessitera la double évocation : on revoit le geste du moniteur (et/ou on se le formule) et on se revoit faisant ce geste, puis on compare.

OBSERVONS-NOUS

À la lumière de ces quelques pages, il nous semble intéressant que le lecteur ait l'occasion de s'interroger sur son activité mentale. La situation pédagogique, qu'elle soit familiale ou scolaire, est faite de l'interaction entre deux types d'habitudes évocatives : celles de l'adulte et celles de l'apprenant.

Observons-nous

Petit calcul mental :
– J'additionne dans ma tête 68 + 56.
– Je note ma façon de procéder.
– Je trouverai à la fin du chapitre 2 des indices d'analyse.

Document à mémoriser… pour le reproduire.
– Je mémorise le document ci-dessous afin de savoir le reproduire.
– Je prends le temps qui m'est nécessaire pour le faire revenir dans ma tête sans support perceptif.
– Je le reproduis.
– Je note mes procédures.

Déranger

Orgueilleux

Meuble

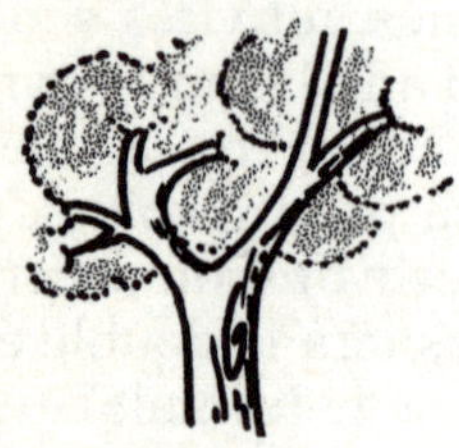
Étage

Montagne

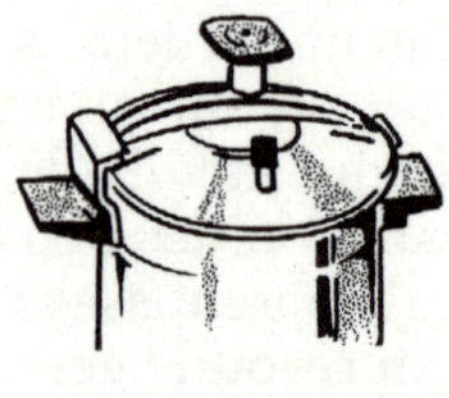
Gentiment

Vous trouverez pages 30 et 31 certains indices d'analyse.
Les indications de procédure proposées sont ponctuelles et ne peuvent permettre d'établir le profil pédagogique du lecteur.

Chapitre 2

Les paramètres ou les domaines de l'évocation

Que peut-on évoquer ? Des êtres, des objets réels ou inventés, des sons, des nombres, des couleurs, des lois, des scènes réelles ou imaginées, des relations, des symboles, des schémas, des sensations, des dessins, des mots…

Antoine de La Garanderie a classé ces contenus évocatifs en quatre catégories qui sont de « véritables paramètres pédagogiques ».

LES PARAMÈTRES

Le paramètre 1

Il concerne toutes les évocations relatives au réel concret. Plusieurs situations sont possibles :
– le sujet re-voit en images mentales visuelles les choses, les êtres, les scènes, les gestes ;
– il ré-entend parler de ces êtres, de ces choses, scènes ou gestes… ;
– il peut aussi ré-entendre les sons naturels.
– il peut re-sentir des impressions, des mouvements, des odeurs, etc…

> *L'enfant qui entend le mot « chat » peut : revoir un chat, ré-entendre miauler un chat ou se dire quelque chose à propos d'un chat qu'il connaît. (Impressions – sentiments.)*

Ce type d'évocations n'est pas suffisant pour permettre un apprentissage scolaire, et les enfants qui ne sont habités que par des évocations concrètes et de réalité sont rapidement en échec scolaire. Mais, comme c'est dans la réalité des choses et des êtres que l'enfant trouvera le sens de ce qu'il perçoit, c'est en l'évoquant qu'il pourra accéder à l'abstraction. Un enseignement qui le couperait trop rapidement de ces évocations concrètes de sens ne peut l'amener qu'à une in-compréhension et donc à une non-compréhension des propositions faites en classe. De plus, très vite, certains enfants opèrent une dichotomie dans leurs évocations : « à l'école on ne pense pas comme à la maison ! »

Le paramètre 2

Ce paramètre permet l'accès aux codes symboliques : les mots, les nombres; aux opérations dites « par cœur », aux automatismes (règles simples, tables de multiplication appliquées automatiquement).

> *L'enfant peut revoir dans sa tête le mot « chat », il l'épelle ou se dit : « chat » prend un « t ».*

Ce type d'évocation permet de gérer les apprentissages qui relèvent des automatismes, du « reproduit ». Le paramètre 2 se constitue lors de la scolarité à l'école élémentaire, et il est indispensable à l'acquisition des apprentissages complexes. Absent dans une de ses composantes, il explique la dysorthographie (si les mots eux-mêmes ne sont pas évoqués) ou des dyscalculies (s'il y a absence d'évocation des chiffres). Trop développé, il met l'élève en difficulté par rapport à des activités mentales faisant appel à la réflexion ou à l'imagination. Le sujet est alors en unique projet de reproduire ou de réciter par cœur !

Le paramètre 3

Ce paramètre est celui des apprentissages complexes rationnels. Il est constitué par des évocations (visuelles, auditives ou verbales), des rapports (liens), des relations de cause à effet.

Ces rapports sont d'ordre :
- analogique : de différence ou de similitude;
- de sériation spatiale ou temporelle;
- d'appartenance : inclusion ou exclusion.

> *Le mot « chat » prend un « t » parce que au féminin il devient « chatte » (en CP). Le chat appartient à la famille des mammifères, carnivores (en CE-CM).*

Le paramètre 3 permet donc les opérations de réflexion, de compréhension, d'analyse.

Le paramètre 4

Il regroupe les évocations qui amènent le sujet à l'imagination et à la créativité. Elles tendent à établir des rapports inédits entre les choses perçues.

Suivant les structures de projet de la personne, ces évocations en P4 vont l'amener à gérer des situations de découverte ou d'invention comme nous le verrons dans le chapitre 4 à propos du geste d'imagination.

Toujours à propos du chat, notre élève imaginera une histoire de chat.

Ce paramètre est très sollicité dans les petites classes où les enfants font preuve de beaucoup d'imagination puis, petit à petit, on constate une utilisation décroissante de ce domaine évocatif, surtout au collège et au lycée.

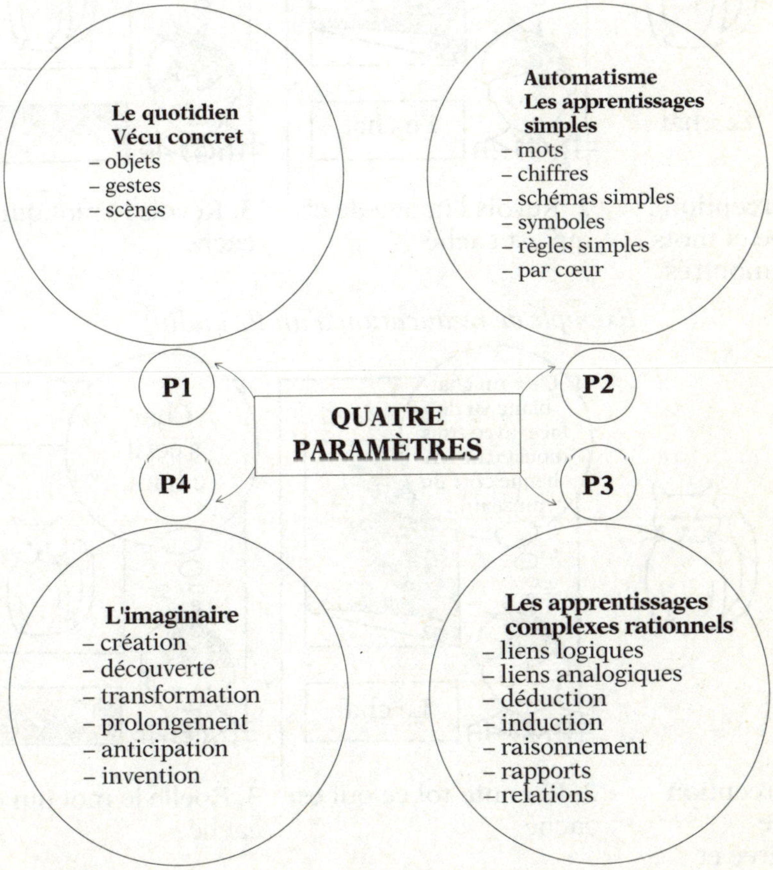

ENRICHISSEMENT DES PARAMÈTRES PÉDAGOGIQUES

D'une façon générale, chacun développe inégalement ces paramètres. La connaissance des paramètres dominants ou déficients apporte des informations précieuses sur les aptitudes ou les difficultés d'un élève.

Exemple de rééducation d'un P2 visuel

1. Perception : image et mots sont montrés

2. Revois l'image de ce qui est caché

3. Revois le mot qui est caché

Exemple de rééducation d'un P2 auditif

1. Perception image montrée et commentée

2. Raconte-toi ce qui est caché

3. Épelle le mot qui est caché

Prenons l'exemple d'un élève évoquant uniquement en P1 et qui ne voit que le chat sans pouvoir ni revoir les lettres, ni épeler le mot (en situation d'orthographe).
Il faudra enrichir chez lui le P2 en s'appuyant sur son P1 en suivant par exemple les étapes du croquis de la page précédente.
Cet entraînement est à poursuivre selon les conseils donnés par Antoine de La Garanderie dans *les profils pédagogiques* chapitre 8.
Dans la deuxième partie du livre, nous retrouverons des pratiques pédagogiques similaires pour l'apprentissage des mots.
L'un des intérêts de la gestion mentale — et sa spécificité — réside dans l'entraînement à l'évocation, ainsi que dans le contrôle de son contenu.

Prenons maintenant le cas d'un élève qui aurait développé excessivement un P2 au détriment d'un P3.
Il est bon en orthographe d'usage, en calcul mental simple, en apprentissage par cœur, et en numération, mais il rencontre des difficultés en orthographe grammaticale, en résolution de problèmes de géométrie ; bref, dans tout ce qui relève du raisonnement logique en général.
On l'aidera à créer des liens, à se poser des questions, à repérer les indices, à se référer aux lois.

Lors des activités pédagogiques, l'enseignant veillera donc à solliciter les quatre paramètres. Il nous semble primordial de faire appel au P1 dès le plus jeune âge et de le développer tout au long de la scolarité. Plus la connaissance sera ancrée dans le concret et la réalité, plus le passage à l'abstraction sera facilité.

LES DIFFICULTÉS LIÉES AUX PARAMÈTRES

Nous avons signalé les liens existant entre les aptitudes scolaires et les habitudes mentales évocatives. De même, on constate un lien intrinsèque entre les développements paramétriques et ces aptitudes.

Un paramètre peut être présent mais non performant

En P1, les images peuvent être fixes, sans lien, fugitives, floues. Les évocations peuvent être vagabondes, non conformes à la réalité. Elles seront peu utilisables. Par exemple, si l'élève doit produire un texte, il risque de manquer d'idées, de cohérence dans la chronologie d'un récit.

Les désordres paramétriques

En P2 visuel, il est fréquent de rencontrer des élèves qui n'ont qu'une image de la silhouette des mots sans réelle évocation visuelle ou verbale des lettres. Ils présentent des difficultés en orthographe d'usage.

Les conflits paramétriques

« Le trop souvent explique le pas assez. »
Illustrons cette notion par des exemples.

– *Obstacle du P1 au P2*
Un enfant visuel qui revoit les « objets » dans sa tête, chaque fois qu'il entend le mot (en situation de dictée) revoit l'objet et non le graphisme du mot.

– *Obstacle du P2 au P3*
L'enfant a pris l'habitude d'évoquer les mots dans sa tête (il est bon en orthographe d'usage), mais n'évoque pas les liens entre la règle et les exemples. Il rencontre alors des difficultés en orthographe grammaticale.

Obstacle du P4 au P2 et P3
En CM1 et CM2, certains enfants, en difficulté scolaire, ont trop développé le P4 au détriment du P2 et P3. Ils font peu de différence entre la réalité et l'imaginaire, entre le perçu et leurs évoqués. Ils sont souvent qualifiés d'imaginatifs mais moins souvent de scolaires !

Les bascules paramétriques

On parle de bascules paramétriques lorsque dans un paramètre (2 ou 3) l'élève n'utilise plus son mode évocatif habituel (visuel, verbal ou auditif). Le cas le plus courant est celui d'un élève qui évoque visuellement en P1 (évoqués concrets) mais utilise en P2 (gestion des mots, apprentissage des leçons, par cœur) des stratégies purement verbales inéfficaces.

Un bon nombre d'élèves connaissent l'échec scolaire pour avoir adopté pareille stratégie. Ce serait ainsi le cas des dyslexiques*.
Rappelons que l'enfant puise sa compréhension dans des évocations concrètes de type P1. Si pour lui le sens surgit d'évocations visuelles, alors, dans la majorité des cas, il s'est coupé de l'accès aux codes symboliques que représentent les mots.

De nombreux enfants présentant des difficultés pour mémoriser leurs leçons effectuent de telles bascules. Voulant faire du par cœur, alors que leurs appuis sont visuels et qu'ils ne peuvent accrocher le

* F. Pages (orthophoniste), colloque sur la dyslexie, (voir bibliographie).

mot que sur un évoqué de forme visuelle, ils ne pratiquent que des réitérations verbales.

QUELQUES PISTES DE TRAVAIL

Lorsque l'enfant présente des difficultés liées aux paramètres, il ne faut pas détruire l'évocation première, mais la prolonger, la compléter. C'est en s'appuyant sur son paramètre dominant (sa ressource pédagogique) qu'il pourra développer le paramètre déficient. Il faut lui faire faire des évocations, en prenant appui sur ses stratégies habituelles, en liant les contenus évocatifs nouveaux que l'on veut introduire.

– « *Tu vois le chat dans ta tête.* »
– « *Maintenant tu vas regarder le mot "chat" pour le "revoir".* »

Conséquences pédagogiques

– Présenter les informations en sollicitant tous les paramètres.
– Utiliser des évoqués de type P1 pour ancrer les connaissances dans du concret et permettre une meilleure abstraction.
– S'appuyer sur le paramètre dominant pour développer un paramètre déficient.
– Pratiquer le dialogue pédagogique pour rechercher chez l'enfant les paramètres dominants et les paramètres faibles.

Quelques « profils » avec paramètres dominants

Reprise de l'illustration graphique utilisée par Antoine de La Garanderie dans *Les Profils pédagogiques* (voir Bibliographie).

Le développement de P4 (en pointillé) peut moduler le « profil » et orienter les aptitudes de l'enfant vers la créativité et l'imagination, s'il

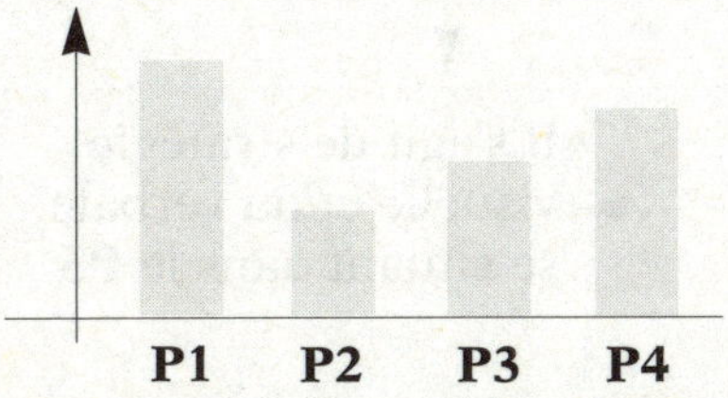

Enfant « imaginatif », qualifié de « non scolaire » et souvent en échec scolaire.

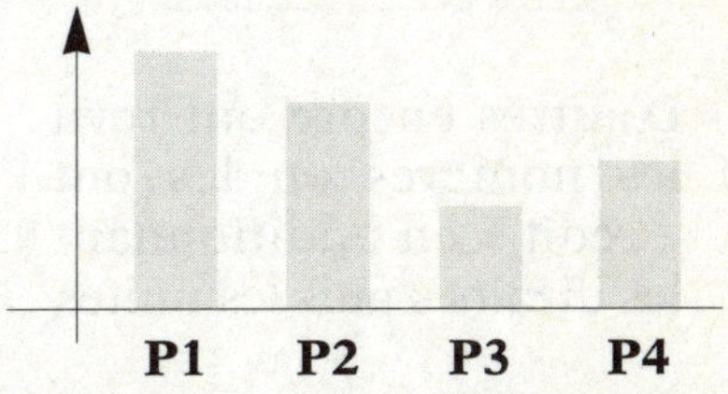

Enfant souvent « bon » à l'école, présentant des difficultés au collège, de tendance applicative et reproductrice.

a un P4 dominant. Par contre, si son P4 est moins développé, il tendra vers la reproduction ou la logique.

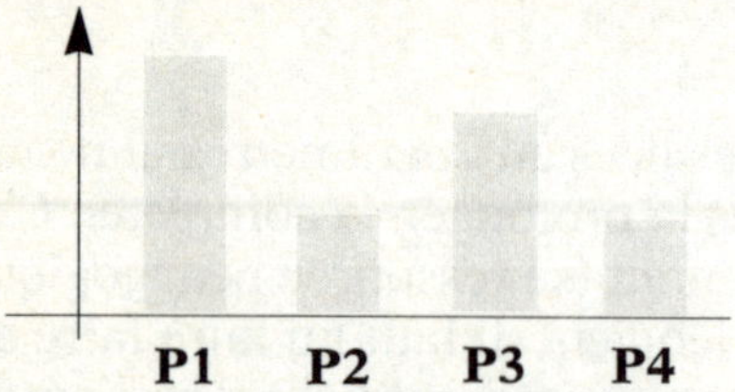

Enfant souvent qualifié d'« intelligent » mais peu scolaire – présentant des difficultés à l'école et au collège (dysorthographie) mais « s'éveillant » au lycée.

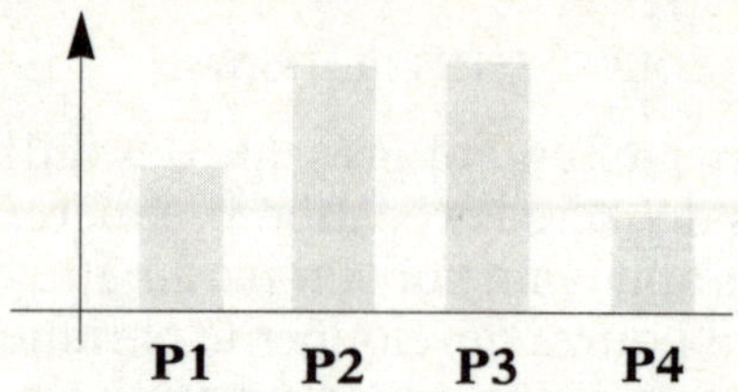

Enfant présentant une bonne « adaptation » à l'école.
Possibles difficultés à saisir l'inédit.

Quelques pistes d'interprétation des mises en situation du chapitre 1 (page 22, le codage de l'évocation)

Le calcul mental

Certains ont affiché les nombres dans leur tête et ont posé l'opération

$$\begin{array}{r} 68 \\ +\,56 \\ \hline 124 \end{array}$$

→ Il s'agit d'une stratégie visuelle se situant dans le **P2**

D'autres ont revu les nombres ou se sont « redit » les nombres en les ramenant aux dizaines

68 → 70 56 → 60 124 ← 130 – 6

↓

D'autres encore ont revu les nombres ou les ont « redit » en additionnant les dizaines puis les unités

→ Il s'agit de stratégie visuelle et/ou verbale se situant dans le **P3**

N.B. : Ce ne sont là que des exemples de stratégies qui peuvent être mixtes (visuelles et verbales).

Le document à mémoriser

Pour mémoriser les noms

– J'ai photographié le graphisme des mots (P2 visuel) et/ou
– Je me suis redit les mots (P2 verbal) et/ou
– J'ai eu l'image visuelle de l'objet représenté par le mot (P1 visuel) et/ou
– J'ai créé un lien logique entre les mots, ou entre les mots et les images, verbalement (P3 verbal) ou visuellement (P3 visuel) par similitude ou opposition, *par exemple : étage/montagne; orgueilleux/gentiment ou une bougie posée sur le meuble ou la voile du bateau se gonfle d'orgueil*; et/ou
– J'ai créé un lien imaginaire entre les noms, visuellement ou verbalement (P4).

Pour mémoriser les objets

– J'ai revu les objets correspondant aux images (P1 visuel) et/ou
– Je me suis « parlé » les images (P1 verbal) et/ou
– J'ai créé un lien, logique ou imaginaire, entre les objets (P3 ou P4) et/ou
– J'ai créé un lien, logique ou imaginaire, entre les objets et les noms (P3 ou P4).

Pour mémoriser les espaces

– Je me suis « parlé » les emplacements dans un ordre chronologique (P2 verbal avec appuis temporels) et/ou
– J'ai photographié les emplacements (P2 visuel) avec appuis spatiaux.

Il peut y avoir d'autres procédures non énumérées ici ; celles-ci sont assez usuelles.

Chapitre 3

Le projet, moteur de l'activité mentale

Les évocations dirigées sur un objet de perception sont nécessaires à tout apprentissage. Les chapitres précédents ont décrit les contenus mentaux (visuels, auditifs, verbaux) ainsi que leurs spécificités paramétriques. Mais de quelles façons ces contenus se constituent-ils dans la conscience ? Sont-ils réutilisables, mobilisables par le sujet ? Leur installation est-elle spontanée ? Relève-t-elle d'un don ou d'une volonté particulière ?
Reprenons l'exemple de la promenade en forêt qui illustrait les deux niveaux de conscience du chapitre 1 : au retour de cette promenade, un dialogue s'engage. Certains n'ont rien à dire et d'autres, au contraire, sont très prolixes. Pourquoi une telle différence de restitution ?

J'ai regardé… bof…	*J'ai vu la mousse. J'ai vu les arbres…*
	Ça m'a fait penser à la forêt derrière
C'est bien… j'ai aimé	*la maison de ma grand-mère…*
C'était fatigant de marcher…	*J'ai ramassé des fleurs pour les*
Je ne sais plus…	*montrer à mes parents…*
	Je leur dirai où je les ai cueillies
	et comment s'est déroulée la
	promenade… Je me suis dit que je
	reviendrais avec eux.
	Ça m'a donné envie de faire un dessin…
	j'ai reconnu les arbres. J'ai entendu
	des oiseaux, j'ai senti les pins.

Il s'avère que l'élève qui a donné beaucoup de détails était à la fois en état de perception et en état d'évocation. Consciemment ou non, tout au long de sa promenade, l'enfant pensait à ce qu'il raconterait ou dessinerait... Nous dirons qu'il avait un projet d'avenir et ce dernier a dynamisé son geste mental.

LE PROJET GUIDE NOS ÉVOCATIONS

Nous abordons ici le deuxième grand principe de la gestion mentale selon lequel il ne peut y avoir évocation dirigée sans projet. « L'évocation est dans le prolongement et au-delà de la perception. Cette évocation est bien pro-jet au sens étymologique du mot; et ce projet est conscience de l'avenir qui s'ouvre*. »

Le projet est une structure implicite qui anime la conscience comme un rail guide la locomotive. Nos structures de projet orientent nos gestes mentaux d'attention, de compréhension, mémorisation, réflexion et d'imagination. Elles donnent du sens et une dimension de finalité à nos évocations. Ces structures implicites peuvent devenir conscientes pour peu que le maître aide l'élève. C'est à cela que s'attache la pédagogie de la gestion mentale.

C'est avant de voir, d'entendre, de toucher, de sentir qu'il faut mentalement se donner les moyens de re-voir, re-entendre, re-sentir. L'enseignant doit donc favoriser cette promotion de l'évocation en donnant à l'enfant le projet avec les termes :

« Tu vas regarder pour... »
« Tu vas écouter pour... »

Il faudra veiller à la précision et à la clarté des consignes afin que le projet de l'enfant soit adapté à l'objectif à atteindre.

Dans le cas de notre promenade, la mise en projet pourrait être :

« Au cours de la promenade que nous allons faire, vous allez regarder, écouter, sentir, toucher, vous parler pour revoir, réentendre... car au retour vous aurez à dessiner (ou à raconter...). »

Les gestes mentaux ne peuvent s'effectuer que s'il y a ouverture à l'avenir, et l'enfant doit porter cet avenir en lui.

LE PROJET ET L'OBJECTIF

Objectif et projet apparaissent comme deux notions différentes.
L'objectif reste extérieur à la personne, il représente le but à atteindre

* A. de La Garanderie, *Pour une pédagogie de l'intelligence,* Le Centurion, Paris, 1990.

et il est évaluable objectivement. Le projet, au contraire, est la structure interne qui, en nous donnant les moyens mentaux, va nous permettre d'atteindre cet objectif.

Objectif	*et* *Projet*
Extérieur à l'enfant.	Le projet est propre à chacun. C'est un geste d'intériorisation pour atteindre l'objectif.
C'est le but à atteindre.	C'est le moyen mental, une anticipation mentale, un imaginaire d'avenir.
Il est évaluable.	
Des exemples	
Dessiner (ou raconter)	*Revoir, réentendre, me redire ce que j'aurai observé.*
Orthographier correctement le mot « pomme ».	*Revoir le mot « pomme » dans sa tête et/ou l'épeler.*
Réaliser une roulade en EPS.	*Je m'imagine ou je me raconte ce que je vais faire.*

LE PROJET ET LA MOTIVATION

Dans l'enseignement, l'éducation de la volonté a trop souvent un aspect formel et s'exprime par des ordres ou des consignes : « *tu dois* », « *sois attentif* », « *fais attention* », « *écoute* »... La structure de projet au contraire ouvre à l'acte de volonté : « *Si tu peux... tu voudras.* »

Le projet oriente la volonté qui s'incarnera dans un « comment faire » d'où naîtra la motivation. L'enfant informé du « comment faire » peut surmonter ses appréhensions et ses blocages, mettre en place des stratégies efficaces, véritables trampolines vers une dynamique de réussite.

La volonté n'est plus un impératif catégorique, une fin en soi, mais devient source de désir.

Nous avons signalé que chaque situation d'apprentissage devra être précédée d'une mise en projet. En effet, à chaque « geste mental » (attention, mémorisation, compréhension, réflexion, imagination) va correspondre un projet spécifique, comme nous le montrerons au chapitre 4. Notons d'emblée qu'à tout apprentissage est liée une structure de projet : celle de réutilisation.

C'est au moment où l'enfant reçoit l'information qu'il doit être en projet de la réutiliser :

- dans un futur ;
- dans une autre discipline ;
- dans un autre lieu.

Ses connaissances doivent être projetées dans un imaginaire d'avenir.
Le projet de réutilisation semble également fondamental pour que les acquisitions puissent être non seulement mémorisées, mais aussi, et surtout, transférables.

L'INFLUENCE DES STRUCTURES DE PROJET DANS LA NON-RÉUSSITE SCOLAIRE

Pour cerner les causes de la non-réussite scolaire d'un enfant (partiellement dans une matière ou globalement) il convient d'analyser la mise en place de ces structures de projet.

L'absence de projet d'évoquer laisse l'enfant en simple perception. Il voit, écoute, touche sans faire exister ces objets de perception dans sa tête. Les informations que ses sens captent sont donc perdues.

La difficulté de se projeter dans l'avenir (projet d'imaginaire d'avenir) n'ouvre pas l'enfant à la mémorisation et à la réutilisation des acquisitions. Il est à noter qu'un grand nombre d'enfants sont totalement capables de se projeter et le font spontanément dans leur vie extra-scolaire. Seulement, ils n'y pensent pas lors de l'étude des leçons ; ils n'en ont pas pris l'habitude. C'est donc à l'enseignant et aux parents de guider l'enfant dans ses évocations d'imaginaire d'avenir.

Projet d'échec ou projet négatif ? Beaucoup d'enfants et d'adultes face à la résolution d'un problème ou d'une tâche à effectuer pensent, avant même d'évoquer l'énoncé ou les consignes, qu'ils n'y arriveront pas. Ce blocage se présente souvent en mathématiques et en rédaction. Dans ce cas, les évocations émotionnelles, affectives, envahissent le sujet. Il ne peut « s'imaginer en train de réussir » et, d'une façon tout à fait inconsciente, il ne met en marche que des procédures mentales inadaptées à la tâche à accomplir.
Il est très important d'aider ces sujets à sortir de ce vécu d'échec ins-

tallé parfois depuis plusieurs années. À l'école, comme à la maison avec l'aide des parents, il faut recréer pour l'enfant un vécu positif de réussite, lui permettre de réellement mener une réalisation à son terme, puis lui demander d'évoquer cette situation et de s'évoquer lui-même en situation de réussite.
Pour certains, l'évocation de leur propre personne sera difficile dans un premier temps et il peut être nécessaire de passer par un « personnage imaginaire » qui servira de médiateur (cf. chapitre sur le codage en première personne).

Projet de l'enfant différent du projet de l'enseignant. Les structures de projet de l'élève peuvent ne pas être adaptées à l'objectif poursuivi par l'enseignant si cet objectif n'est pas clairement explicité. Cela est fréquent.

– Dans une situation de mémorisation
Savoir, pour l'enseignant, signifierait donner du sens pour répondre à des questions alors que, pour l'élève, savoir sera uniquement apprendre pour réciter mot à mot. La situation inverse peut exister. De même, un professeur peut exiger une mémorisation par cœur, alors que l'élève pensera au « j'ai compris donc je sais ». Dans ce cas, la qualité de la mémorisation réside dans la complémentarité des deux démarches.

Dans une situation de compréhension
Nous trouverons un dilemme : Compréhension – Application
Compréhension – Explication
Pour certains élèves, comprendre c'est savoir appliquer la règle, reproduire un exemple, alors que l'enseignant attend qu'ils soient capables d'expliquer et de justifier leurs démarches. Pour d'autres, comprendre c'est pouvoir s'expliquer le pourquoi de la règle, sans pour autant être capable de l'appliquer.
D'où la nécessité pour l'enseignant de clarifier les consignes données.

Conséquences pédagogiques

– Préciser l'objectif à atteindre pour chaque travail.
– Donner des consignes claires.
– Faire évoquer (et donner du temps pour évoquer) l'objectif et les consignes.
– En fonction des impératifs pédagogiques, aider les enfants à se mettre en projet : d'évoquer / de réutiliser / de s'expliquer / d'expliquer à un autre / d'appliquer.

Chapitre 4

Les gestes mentaux

Les chapitres précédents se sont attachés à décrire les contenus évocatifs en les reliant aux grands domaines paramétriques (P1, P2, P3, P4). Ils ont montré que les évocations se constituaient à partir de structures de projet les finalisant et leur donnant *du sens* (signification) et *un sens* (direction).

Lors d'une activité intellectuelle amenant ou non une action concrète, nos opérations mentales vont se succéder et exiger des stratégies adaptées à l'objectif poursuivi. Ces activités mentales, dynamisées par des structures de projet spécifiques, seront décrites dans ce chapitre sous le nom de gestes mentaux.

Pourquoi ce terme ?

Pour les activités sportives ou manuelles, nous savons qu'il y a des gestes à accomplir pour être efficace et performant : le moniteur montre à son élève comment il s'y prend et comment il faut procéder pour réussir. De même, dans les activités intellectuelles, il existe des gestes mentaux qu'il convient d'enseigner à nos jeunes afin qu'ils donnent du sens aux impératifs souvent formels : « *sois attentif* », « *réfléchis* », « *comprends* ».

Toute situation d'apprentissage va exiger de l'attention, de la mémorisation… Ce découpage pourrait paraître arbitraire : certains ne peuvent mémoriser que s'ils ont compris… Nous allons montrer que ces activités mentales sont sous-tendues par des structures de projet de sens et correspondent à de véritables gestes mentaux.

L'éducation des gestes mentaux relève des compétences transversales à faire acquérir à l'élève au cours de chaque cycle, telles qu'elles sont définies dans les textes officiels de janvier 1991.

LE GESTE D'ATTENTION

Que signifie être attentif ?

L'attention (ou la saisie des informations) conditionne toute activité intellectuelle et sans elle aucun apprentissage ne saurait commencer. L'acte d'attention est vécu dans la conscience familiale et scolaire de façon souvent formelle. Les consignes comme « *sois attentif* », « *écoute* », « *concentre-toi* » ou « *je dois faire le vide en moi* », « *je ne dois pas penser à autre chose* » n'expliquent pas comment faire pour être attentif.

L'élève, les bras croisés, tendu vers le désir d'être attentif, sera-t-il toujours capable de restituer le message perçu ? N'était-il pas « attentif à être attentif » ?

Être attentif, comme le montre Antoine de La Garanderie, c'est faire exister le monde dans notre tête, le faire vivre en nous ; c'est donc l'évoquer.

L'attention naît d'une structure de projet de sens :
– sens en tant que direction : « J'oriente mes évocations en fonction du but poursuivi ; « *Je suis attentif à… pour…* »;
– sens en tant que signification : « Je me donne des évocations pour donner du sens à ce que je perçois. »

Être attentif, c'est avoir le projet d'évoquer.

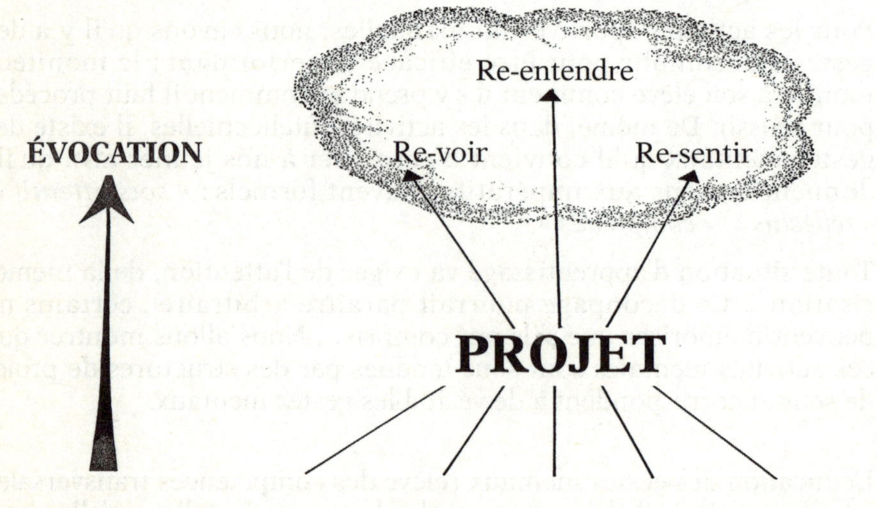

Le geste d'attention

Pour l'enfant qui se re-dit

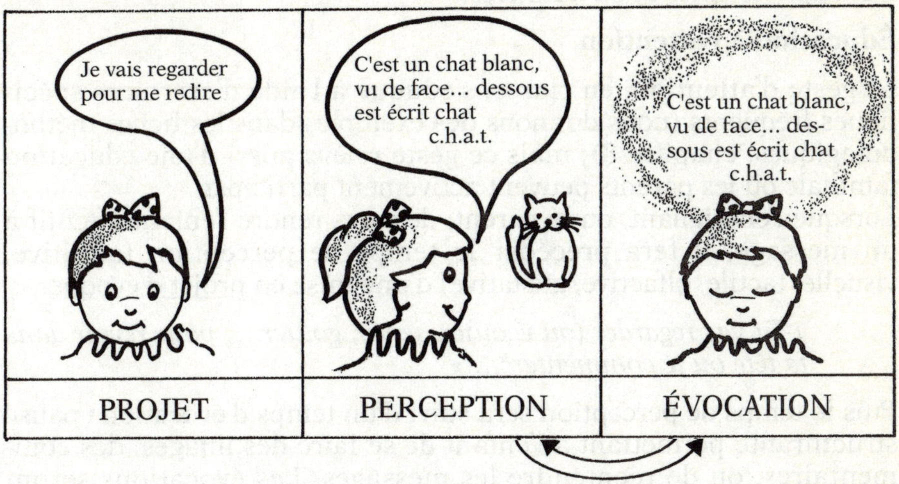

Pour l'enfant qui re-voit

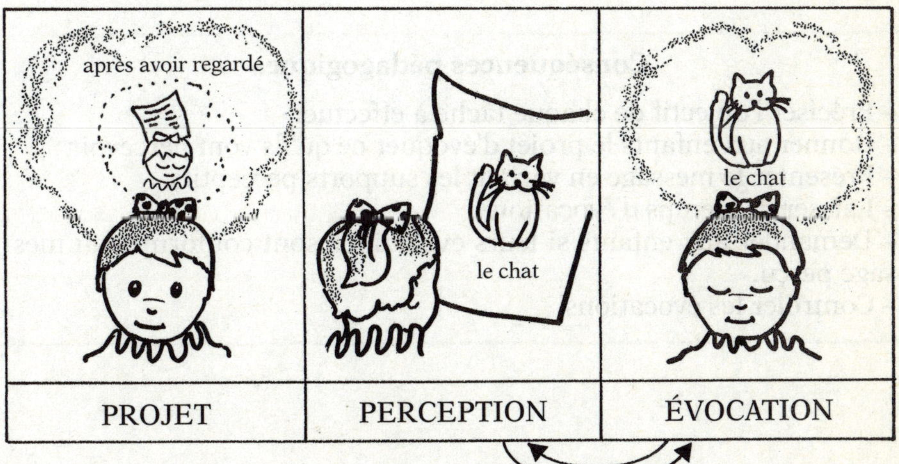

Un aller-retour est nécessaire afin de vérifier et de modifier l'évocation si elle n'est pas conforme à la perception.

En fonction de la spécificité de notre mode évocatif, ce geste se vivra différemment. Pour certains, être attentif se vivra en se parlant de la réalité perçue, pour d'autres cela nécessitera la production d'images mentales visuelles et/ou auditives.

Éducation à l'attention

Le geste d'attention, en classe, s'éduque à l'aide d'exercices spécifiques fréquents (nous donnons des exemples dans les fiches méthodologiques, chapitre 8) ; mais ce geste relève aussi d'une éducation familiale où les parents peuvent activement participer.
Lorsque l'enseignant, ou le parent, désirera rendre l'enfant attentif à un message, il fera précéder le temps de perception (auditive, visuelle, tactile, olfactive, gustative) d'une mise en projet d'évoquer.

> « *Tu vas regarder (ou écouter, sentir, goûter...) pour revoir dans ta tête ou te commenter*...* »

Puis le temps de perception sera suivi d'un temps d'évocation : pause structurante permettant à l'enfant de se faire des images, des commentaires, ou de réentendre les messages. Les évocations seront contrôlées pour vérifier la conformité entre l'objet mental et l'objet perçu.

Conséquences pédagogiques

– Préciser l'objectif de chaque tâche à effectuer.
– Donner aux enfants le projet d'évoquer ce qu'ils vont percevoir.
– Présenter le message en variant les supports perceptifs.
– Laisser des temps d'évocation.
– Demander aux enfants si leurs évocations sont conformes au message perçu.
– Contrôler les évocations.

* Dans la seconde partie, des fiches présentent des exemples de vocabulaire utilisables avec des enfants lors de mise en projet.

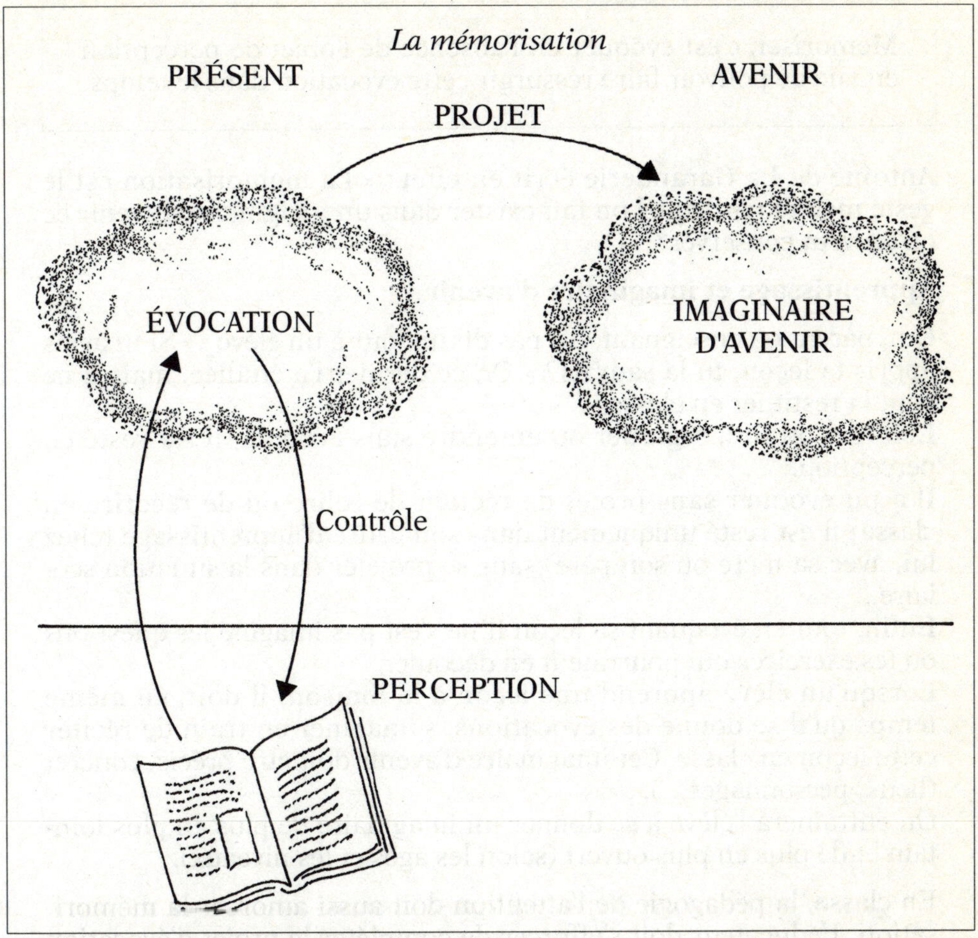

LE GESTE DE MÉMORISATION

Être attentif et mémoriser : deux gestes différents

Suffit-il d'être attentif pour mémoriser? Cela ne semble pas toujours se vérifier. Nombre d'enfants (ou nous-mêmes), peuvent avoir été un jour très attentifs à une notion et ne plus s'en souvenir le lendemain. Le geste d'attention n'ouvre pas obligatoirement le chemin à la mémorisation. L'attention se vit ici et maintenant et nécessite un projet d'évoquer une perception qui nous reste présente.
Par contre, mémoriser demandera d'évoquer cette même perception avec le projet de la ré-évoquer demain (ou plus tard) ailleurs et en son absence.

> Mémoriser, c'est évoquer en l'absence de l'objet de perception en vue de pouvoir faire ressurgir cette évocation dans le temps.

Antoine de La Garanderie écrit en effet : « La mémorisation est le geste mental par lequel on fait exister dans un imaginaire d'avenir ce qu'on veut conserver*. »

Apprentissage et imaginaire d'avenir

Qui, parent ou enseignant, n'a pas dit un jour à un élève : « Si tu avais appris ta leçon, tu la saurais ? » Or, ce dernier l'a étudiée, mais il ne peut la restituer en classe.
L'élève a pu lire, regarder ou entendre sans évoquer, il est resté en perception.
Il a pu évoquer sans projet de réciter, de relire ou de réécrire en classe ; il est resté uniquement dans son cadre d'apprentissage (chez lui, avec sa mère ou son père) sans se projeter dans la situation scolaire.
Enfin, tout en évoquant sa leçon il ne s'est pas imaginé les questions ou les exercices qui pourraient en découler.
Lorsqu'un élève apprend une leçon à la maison, il doit, en même temps qu'il se donne des évocations, s'imaginer en train de réciter cette leçon en classe. Cet imaginaire d'avenir doit être précis, concret (lieux, personnages...).
On entraînera l'élève à se donner un imaginaire de plus en plus lointain et de plus en plus ouvert (selon les âges et les niveaux).

En classe, la pédagogie de l'attention doit aussi amorcer la mémorisation. L'éducateur doit s'efforcer de compléter le projet d'évocation (geste spécifique de l'attention) par le projet de « lancer* » les évoqués dans un imaginaire d'avenir. En aidant ainsi l'enfant, il l'ouvre à l'avenir et donc à la conservation des choses perçues.

Quelques difficultés liées au geste de mémorisation

– Certains enfants ont des difficultés à se créer cet imaginaire d'avenir : anticipation mentale nécessaire. Outre des problèmes spécifiques, l'enfant qui a de mauvaises notes dans telle ou telle activité ne

* A. de La Garanderie, *Défense et illustration de l'introspection,* Le Centurion, Paris, 1989.

peut pas, ou ne souhaite pas, imaginer la scène de la restitution de la leçon, en classe, alors qu'il est tranquillement à la maison, dans sa chambre, avec sa mère ou son père...
Pour dépasser une telle situation, l'enseignant permettra un vécu positif en classe lié à l'activité redoutée. Il demandera à l'enfant de créer cet imaginaire de re-citation ou de re-utilisation, dans le prolongement de ce vécu positif ; on ne peut s'imaginer en train de réussir que si l'on a vécu, au moins une fois, une situation de réussite... !

– Une autre difficulté, souvent rencontrée, est liée à l'acte même d'évocation. Par méconnaissance de leur spécificité évocative (visuelle, auditive ou verbale) et par souci de « bien faire », certains enfants opèrent des bascules paramétriques (étudiées dans le chapitre 3 « le projet et la motivation ») lorsqu'ils apprennent une leçon. Les uns se répètent ou redisent plusieurs fois le message mais en vain, car pour eux les mots ne peuvent être accueillis dans leur espace mental qu'à partir d'images visuelles évoquées. D'autres, au contraire, essaient de « photographier » directement les éléments à mémoriser, alors qu'ils auraient besoin de se les « parler » dans un premier temps, comme nous l'avons vu avec la loi de l'évocation.

Les conséquences pédagogiques

– Donner le projet de :
• re-utiliser la notion évoquée ;
• re-citer un autre jour, à une autre personne ;
• re-expliquer.
– Faire vivre la scène (avec jeux de rôles) de l'apprentissage d'une leçon et de sa récitation.
– Créer des vécus positifs en classe que l'enfant pourra re-évoquer à la maison et sur lesquels il s'appuiera pour créer un imaginaire d'avenir.

* Expression employée par Antoine de La Garanderie.

Le geste de mémorisation

Mémoriser des mots d'orthographe d'usage :
pour l'enfant qui revoit.

Pour l'enfant qui se re-dit

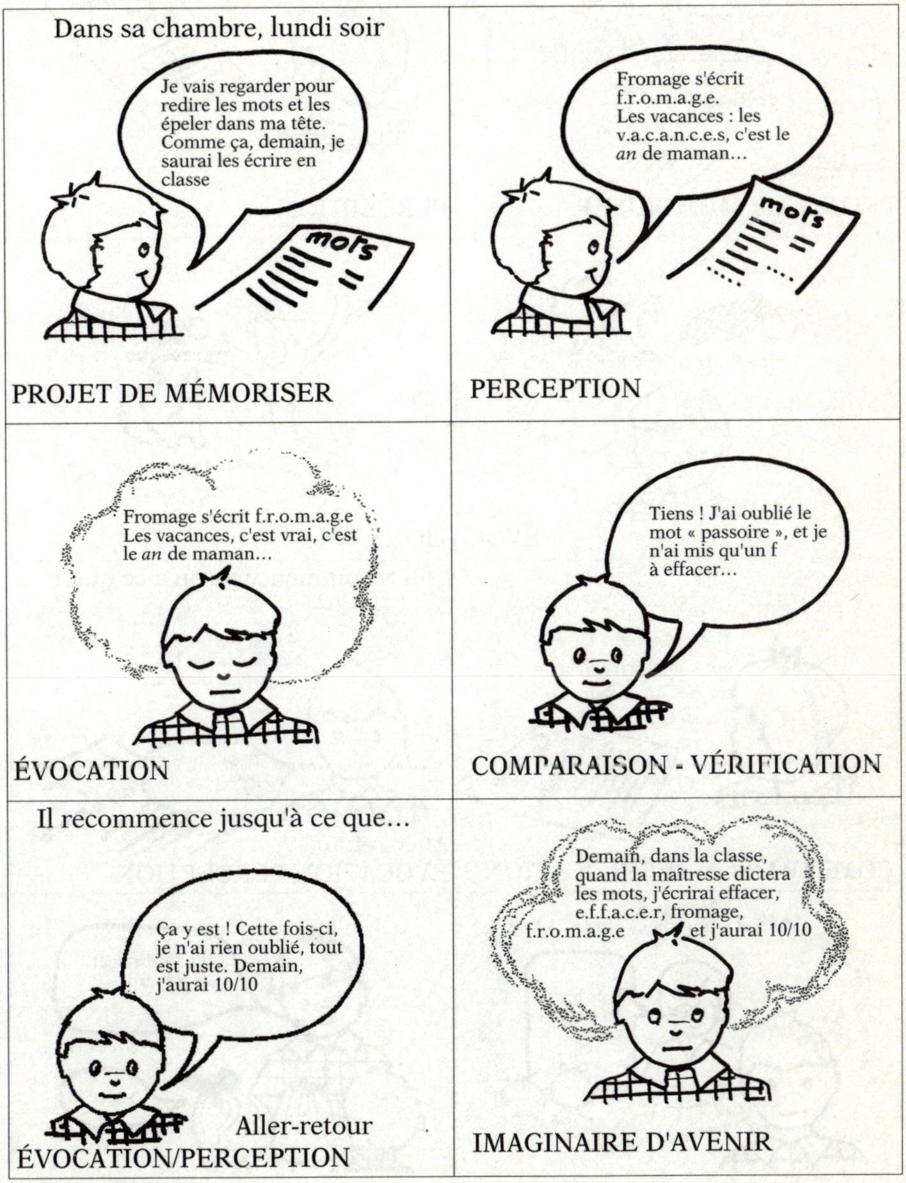

Mémoriser une poésie :
Pour l'enfant qui se re-voit.

LE GESTE DE COMPRÉHENSION

Les projets de comprendre

Peut-on être attentif sans comprendre ? Peut-on mémoriser sans comprendre ? La réponse à ces questions varie suivant les personnes. En effet, les structures du projet de comprendre présentent une forme autre que celles requises par les gestes d'attention et de mémorisation.

> La compréhension est un geste mental par lequel on a l'intuition du sens de ce qu'on regarde, de ce qu'on écoute, de ce qu'on lit.

Cette intuition de sens va naître d'un aller-retour entre ce qui est perçu et ce qui est évoqué.
Les évocations de compréhension sont essentiellement des traductions de ce qui est à comprendre. L'intuition de sens naîtra de ces traductions et de leur comparaison avec l'objet à comprendre.

Il y a traduction de l'objet à comprendre lorsque le sujet dépasse, en évocation, la simple reproduction mentale de l'objet perçu, soit en changeant la nature de ses évocations, soit en changeant de paramètre.
Traduire, c'est par exemple passer d'un objet de perception visuelle à une évocation auditive, ou d'un objet concret visuel à une image visuelle du mot, ou plus schématiquement :

Perception	Évocation
Perception auditive →	Évocation auditive de traduction
Perception auditive →	Évocation visuelle
Perception visuelle →	Évocation visuelle de traduction
Perception visuelle →	Évocation auditive

L'évoqué de traduction n'est pas toujours premier ; il peut être précédé d'un évoqué de reproduction. Ces évoqués de traduction sont indispensables pour l'accès au sens, sinon l'apprenant risque de

rester dans un geste de mémorisation et non pas de compréhension.
« L'élève ne constitue pas sans aide les évoqués de traduction. Il conviendrait donc que l'enseignant soit averti des formes opératoires possibles pour structurer l'intuition donatrice du sens de la compréhension, afin qu'il soit à même de les prendre en compte*. »
Pour certains, ces évoqués comporteront des éléments de similitude avec l'objet de perception et l'intuition du sens naîtra de ces similitudes : c'est comme... cela ressemble à... Pour d'autres, ce seront des éléments de différence : c'est différent de..., c'est le contraire de...

On a souvent opposé la compréhension et le par cœur, allant même jusqu'à penser que l'enfant apprenant par cœur n'était pas intelligent ; or pour certains sujets le passage par une mémorisation pour atteindre la compréhension est indispensable : c'est par une reproduction fidèle et évoquée de l'objet de perception que pourront se constituer les évocations de traduction génératrices de sens.

Le geste mental de compréhension est sous-tendu par deux projets différents et complémentaires qui ne cohabitent pas toujours chez un même individu.
Pour certains, comprendre c'est expliquer le pourquoi de telle loi, tel phénomène, telle situation; pour d'autres, comprendre c'est savoir appliquer une loi, une règle.

> *Pour un élève, qu'est-ce que comprendre le périmètre d'un rectangle?*
> *– Pour l'un, c'est savoir utiliser la formule P = (L + l) x 2 dans un exercice, en remplaçant L et l par leur valeur respective, ou l'exemple de référence.*
> *– Pour l'autre, c'est revoir ou se redire : « Le périmètre, c'est Longueur + largeur + Longueur + largeur, donc 2 Longueurs + 2 largeurs » ou peut-être : P = (L + l) x 2 ».*

Le premier a une compréhension à visée appliquante, le second a une compréhension à visée expliquante.

La dichotomie entre ces deux projets est source de nombreux échecs scolaires, notamment en mathématiques (au collège et au lycée) et explique pourquoi certains élèves connaissent et comprennent le pourquoi des formules, des lois, des règles... et sont incapables de les

* A. de La Garanderie, *Pour une pédagogie de l'intelligence,* Le Centurion, Paris, 1990.

appliquer. D'autres au contraire savent très bien appliquer la loi ou reproduire un exemple type mais sont tout à fait désarmés dans un exercice de transfert où l'explication leur manque.

Toutefois, quand ces deux projets coexistent, l'un d'eux reste prégnant chez l'élève comme chez l'enseignant qui doit en prendre conscience et veiller à développer chez l'élève les deux projets de compréhension.

Les démarches de la compréhension

De la loi à l'exemple... de l'exemple vers la loi...
Deux démarches ouvrent à la compréhension :
– de la loi à l'exemple = démarche déductive ;
– de l'exemple à la loi = démarche inductive.
Ces deux démarches seront indispensables pour mener une démonstration, même si chacun de nous privilégie l'une ou l'autre.
On a pu constater que beaucoup de sujets auditifs, à visée explicative, préfèrent, pour nourrir leur réflexion et asseoir leur compréhension, utiliser une démarche déductive. Ils souhaitent qu'on leur explique la loi, la règle avant d'avoir l'exemple.
Très souvent, ces enfants connaissent les règles, mais ne savent pas les appliquer (ce qui entraîne des difficultés en mathématiques et en orthographe grammaticale). Ils n'évoquent pas les exemples et, s'ils le font, ne les relient pas logiquement aux règles.

Il faut leur permettre d'évoquer un commentaire verbal pour s'expliquer comment utiliser la règle.

À l'opposé, certains sujets visuels, à visée applicative, utilisent une démarche inductive, mémorisant les exemples types. Ils savent faire les exercices, mais sont incapables d'énoncer les lois, les règles. Tous les sujets à gestion inductive ne sont pas pour autant performants en résolution de problème. Si leur projet d'application est très dominant, il les entraîne à des démarches d'apprentissage par reproduction de modèles (P2).
Il faudra éviter qu'ils ne s'installent dans une stratégie de reproduction d'exercices déjà faits sans aucun retour à la loi référente.
Cette répétition d'exercices peut les amener à se couper de la loi.

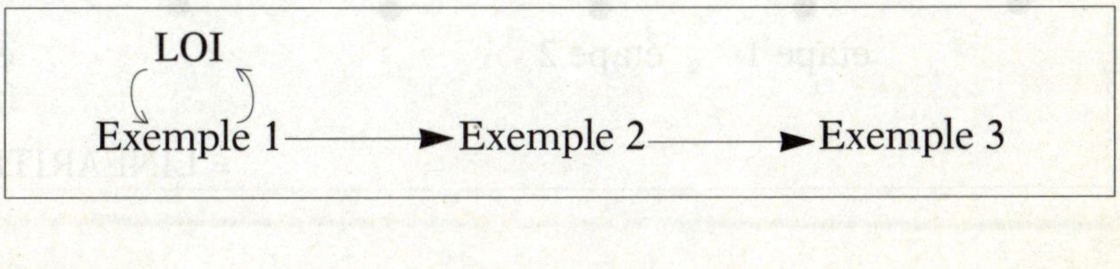

Des élèves utilisant exclusivement cette démarche peuvent être performants pour un temps. Ils se trouveront rapidement en échec, car ils n'ont codé que des recettes et perdent peu à peu le sens de ce qu'ils font.

Ce sont par exemple les « automathes » dont parle S. Baruk (voir bibliographie), rencontrés aussi en orthographe, en grammaire...

L'enseignant doit donc veiller à entraîner les élèves à la double démarche, privilégiant un retour systématique de l'exemple vers la loi et que nous schématiserons comme suit :

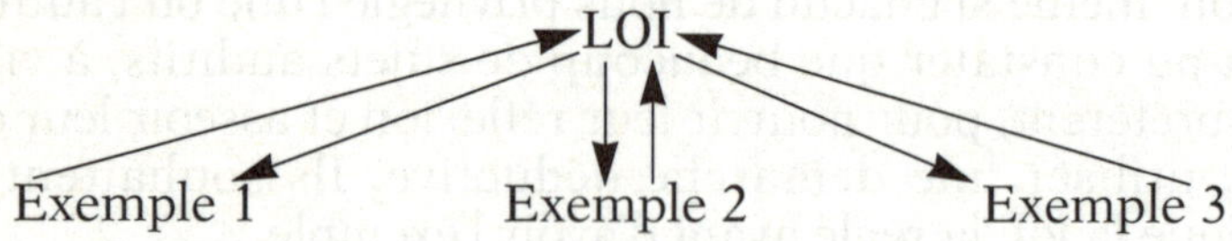

Compréhension dans le cadre spatial

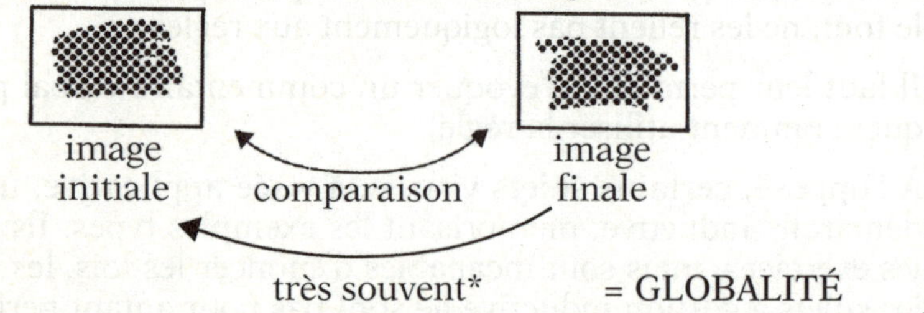

* Le sujet visuel comprend l'état initial par rapport à l'état final

Compréhension dans le cadre temporel

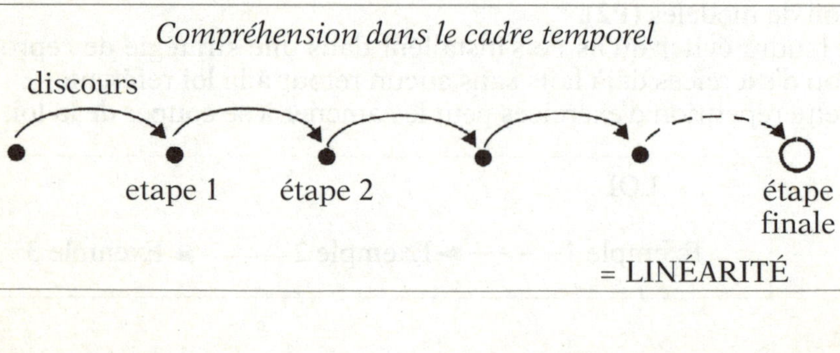

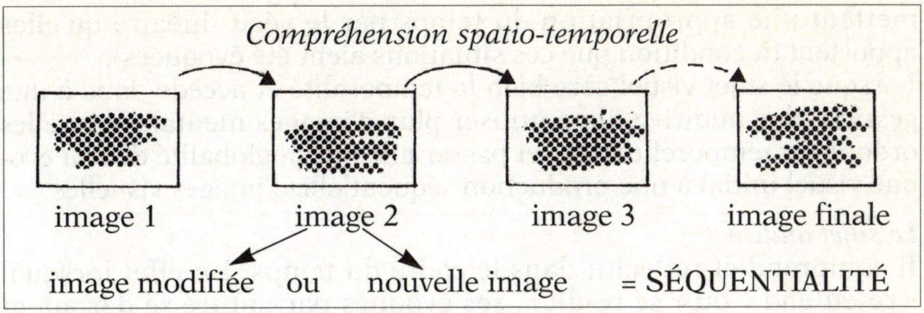

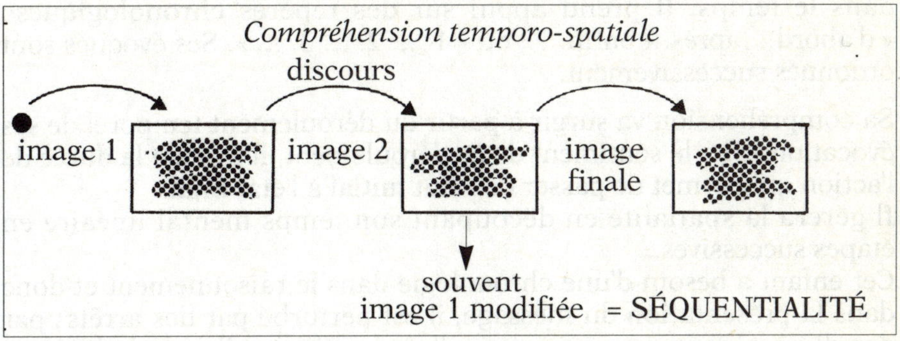

Le cadre de la compréhension : l'espace et le temps

Nos évocations de compréhension se constituent dans le cadre espace-temps. Le mot « cadre » désigne le temps ou l'espace intérieur, c'est-à-dire temps mental ou espace mental.

Le sujet visuel

Il a naturellement des évoqués structurés spatialement (instantanéité de l'image). Il comprend et réfléchit dans le cadre de l'espace (par exemple, il réordonne spatialement les données d'un problème).
Sa compréhension surgit à partir d'une évocation visuelle de globalité qu'il va petit à petit enrichir, détailler. Son image sera de plus en plus élaborée au fur et à mesure de sa réflexion. Pour lui, le temps n'a de réalité que développé dans l'espace. Il évoque un état final par rapport à un état initial. Il gérera la temporalité en évoquant l'action qui permet de passer de l'état initial à l'état final.
Dans la petite enfance, toutes les situations d'apprentissage sollicitant le mouvement et utilisant les sensations proprioceptives[1] per-

1. Nous appelons sensations proprioceptives celles issues du corps et qui renseignent sur les mouvements, l'équilibre, les positions, etc.

mettent une appropriation du temps par le vécu linéaire qu'elles apportent (à condition que ces situations aient été évoquées).
Lorsque le sujet visuel gère bien la temporalité et accède donc à une gestion plus auditive, il va utiliser plus d'images mentales visuelles ordonnées temporellement ; et passer ainsi de la globalité de son évoqué visuel initial à une production séquentielle d'images visuelles.

Le sujet auditif
Il comprend et réfléchit dans le cadre du temps. En effet lorsqu'il « re-entend » ou « se re-dit », ses évoqués par nature se déroulent dans le temps. Il prend appui sur des repères chronologiques : « d'abord... après... enfin... » ou « 1. ... 2. ... 3. ... ». Ses évoqués sont ordonnés successivement.

Sa compréhension va surgir à partir du déroulement temporel de ses évocations. Il a le sentiment de ce déroulement, il évoque la durée de l'action qui permet de passer de l'état initial à l'état final.
Il gérera la spatialité en découpant son temps mental linéaire en étapes successives.
Cet enfant a besoin d'une chronologie dans le raisonnement et donc dans la présentation du message, il est perturbé par des arrêts ; par des digressions provoquées par d'autres élèves ; il est perdu et ne comprend plus.

Il faut ici noter l'importance des évoqués kinesthésiques dans cette approche de la compréhension. La kinesthésie porte en elle-même l'espace et le temps : ce serait pour l'auditif le moyen de se créer une globalité spatiale et pour le visuel celui de se créer une séquentialité temporelle.

Comprendre

– Pour m'expliquer ou appliquer.
– En transformant ou en reproduisant.
– Par similitude ou différence.
– À l'aide d'évoqués visuels et/ou auditifs et/ou verbaux.
– Dans un cadre espace-temps.

Mandala illustrant le « cadre » de la compréhension : l'espace et le temps

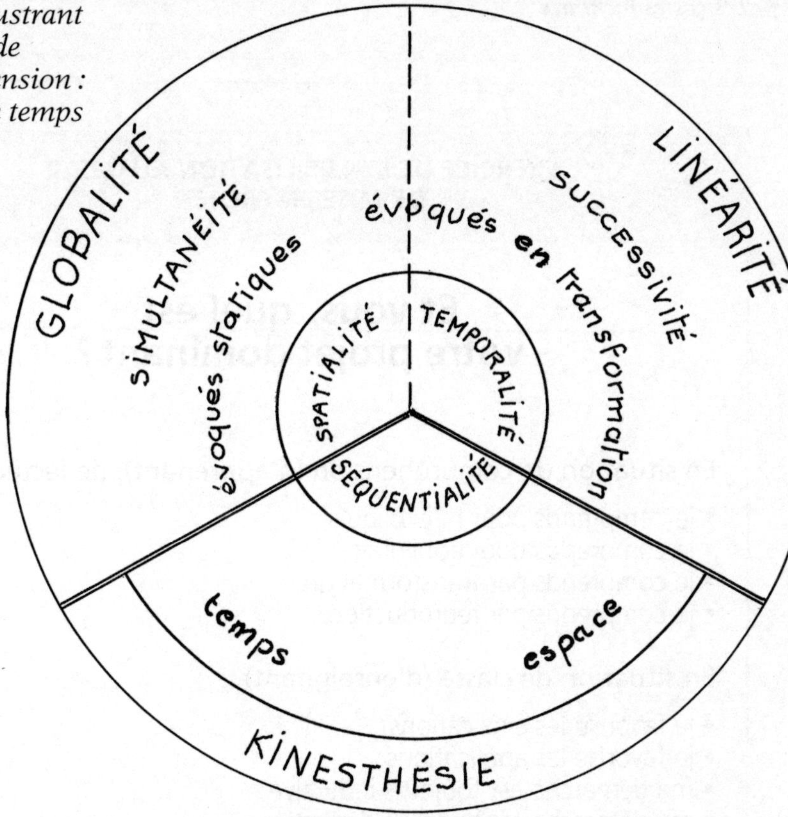

Conséquences pédagogiques

– Analyser ses propres structures de compréhension pour varier les évoqués de traduction donnés aux élèves.

– Faire appel aux ressources de l'élève pour enrichir les évoqués de traduction permettant la compréhension d'une notion.

– Ancrer les connaissances dans du concret, utiliser les évocations en paramètre 1.

– Lorsqu'un élève dit ne pas comprendre, lui demander :
« *Préfères-tu que je te redonne le même message ou que j'explique différemment ?* »
« *Préfères-tu que je te réexplique la même règle ou que je te ré-explique l'exemple ?* »

– Entraîner les élèves à créer les doubles liens entre la loi et les exemples.

– En début de séance, faire évoquer les acquis antérieurs nécessaires à la compréhension de la notion à étudier (et non les rappeler) avec le projet de les réutiliser dans la leçon qui va suivre.

EXERCICE DE SENSIBILISATION AU GESTE DE MISE EN PROJET

Et vous, quel est votre projet dominant ?

En situation de compréhension (d'apprenant), de lecteur :

- je comprends pour m'expliquer ;
- je comprends pour appliquer ;
- je comprends par transformation ;
- je comprends par reproduction.

En situation de classe (d'enseignant) :

- je favorise les explications ;
- je favorise les applications ;
- ma démarche est toujours inductive ;
- ma démarche est toujours déductive.

Dans la vie courante, face à l'utilisation d'un appareil électro-ménager :

- j'essaie toutes les combinaisons sans prendre le temps de lire le mode d'emploi ;
- je lis le mode d'emploi avant de toucher à l'appareil ;
- je me fais expliquer le mode d'emploi ;
- je lis le mode d'emploi tout en agissant ;
- etc.

Je note mes structures de projet dominantes :

....

....

....

....

LE GESTE DE RÉFLEXION

Le geste de réfléchir est-il différent de celui de comprendre ?

L'un ne permet-il pas l'autre ? L'enseignant fait lui-même une différence en demandant aux élèves, suivant les situations pédagogiques, de comprendre ou de réfléchir ; ainsi on peut remarquer sur certaines appréciations du livret scolaire : « Comprend mais ne sait pas réfléchir. »

Les intuitions de sens de la compréhension naissent à partir d'évoqués de transformation spontanés et sans référence explicite à des acquis antérieurs.

> Ré-fléchir, c'est faire un retour sur..., à partir d'un énoncé mathématique, d'une problématique posée par le monde perceptif (le géographe face à des couches de terrain, etc.), le sujet fait un retour vers des connaissances mémorisées (et évocables), des lois, des règles, des expériences, un vécu quotidien.

De la confrontation entre les données du problème et des acquis mémorisés un tri s'opérera et permettra de trouver la loi, la règle, la propriété permettant de résoudre le problème posé.

> Ce geste mental consiste en un retour à des acquis culturels (ou de bon sens), dans lesquels on opère un choix, puis une flexion sur la situation à résoudre.

Les étapes essentielles du geste de réflexion

Le geste de réflexion nécessite le projet de créer des liens entre des acquis et le problème posé.
Cette démarche préalable, nécessaire au geste de réflexion lui-même, est aussi la condition de mobilisation de ces acquis.

> 1. Évocation des données dans leur totalité (lecture d'un énoncé, d'un schéma, d'une consigne), visuellement en revoyant les mots, leurs racines, les images, ou auditivement en parlant.

2. Contrôle de cette évocation pour vérifier si toutes les données ont bien été évoquées.
3. Re-tour aux acquis : lois, règles, exemples-types, expériences, en recherchant les chapitres concernés, en se souvenant d'exercices antérieurs.
4. Va-et-vient entre les données évoquées et les acquis, en vue d'un tri.
5. Flexion de la loi, de la règle, de l'exemple, etc. sur les données du problème à résoudre.

La réflexion

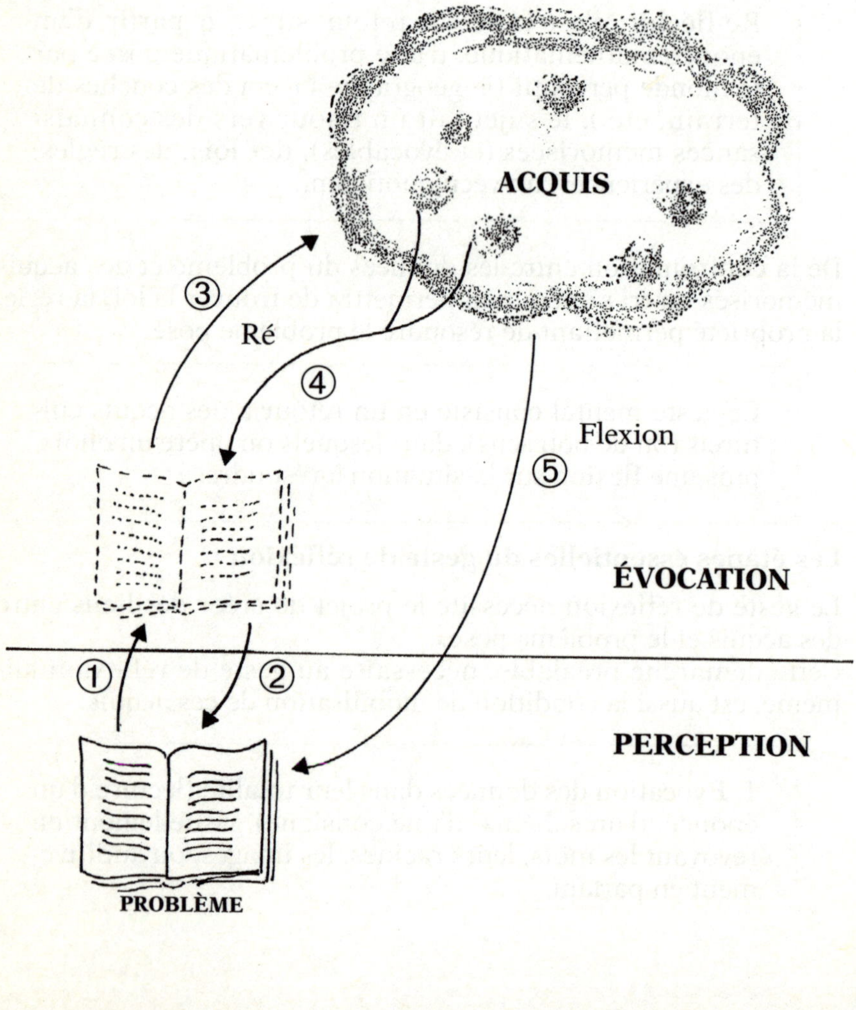

Le geste de réflexion

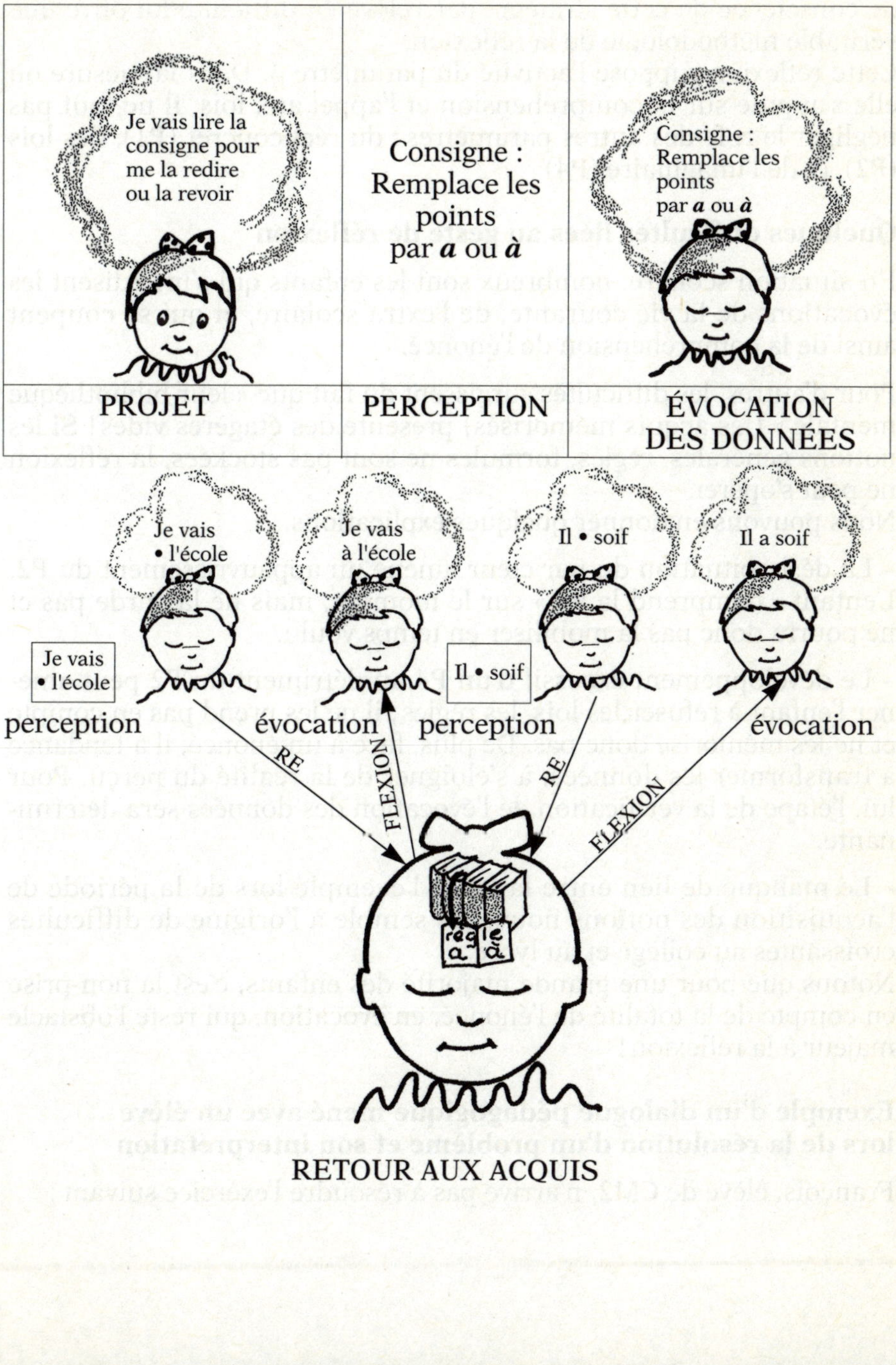

Si on interroge un élève efficace en situation de réflexion, on s'aperçoit qu'il passe, inconsciemment, par toutes ces étapes. Mais la prise de conscience de cette stratégie par l'élève en difficulté lui offre une véritable méthodologie de la réflexion.
Cette réflexion suppose l'activité du paramètre 3. Dans la mesure où elle s'appuie sur la compréhension et l'appel aux lois, il ne faut pas négliger le rôle des autres paramètres : du réel concret (P1), des lois (P2), et de l'imaginaire (P4).

Quelques difficultés liées au geste de réflexion

En situation scolaire, nombreux sont les enfants qui s'interdisent les évocations de la vie courante, de l'extra-scolaire, et qui se coupent ainsi de la compréhension de l'énoncé.

Pour d'autres, les difficultés surgissent du fait que « leur bibliothèque mentale » (les acquis mémorisés) présente des étagères vides ! Si les notions générales, règles, formules ne sont pas stockées, la réflexion ne peut s'opérer.
Nous pouvons en donner quelques explications.

– La déshabituation du par cœur amène un appauvrissement du P2. L'enfant « comprend la loi » sur le moment, mais ne la garde pas et ne pourra donc pas la mobiliser en temps voulu.

– Le développement excessif d'un P4 au détriment du P2 peut amener l'enfant à refuser les lois, les règles; il ne les prend pas en compte et ne les mémorise donc pas. De plus, face à un énoncé, il a tendance à transformer les données, à s'éloigner de la réalité du perçu. Pour lui, l'étape de la vérification de l'évocation des données sera déterminante.

– Le manque de lien entre la loi et l'exemple lors de la période de l'acquisition des notions nouvelles semble à l'origine de difficultés croissantes au collège et au lycée.
Notons que pour une grande majorité des enfants, c'est la non-prise en compte de la totalité de l'énoncé, en évocation, qui reste l'obstacle majeur à la réflexion !

Exemple d'un dialogue pédagogique mené avec un élève lors de la résolution d'un problème et son interprétation

François, élève de CM2, n'arrive pas à résoudre l'exercice suivant :

Clôturer un terrain :

Le terrain représenté ci-dessous doit être clôturé.

Sur le côté A B, on place une barrière faite de trois rondins fixés entre deux piquets.

Sur les autres côtés, on place un grillage.

1. Que doit-on acheter ?

2. Quelle longueur de rondins et quelle longueur de grillage doit-on acheter ?

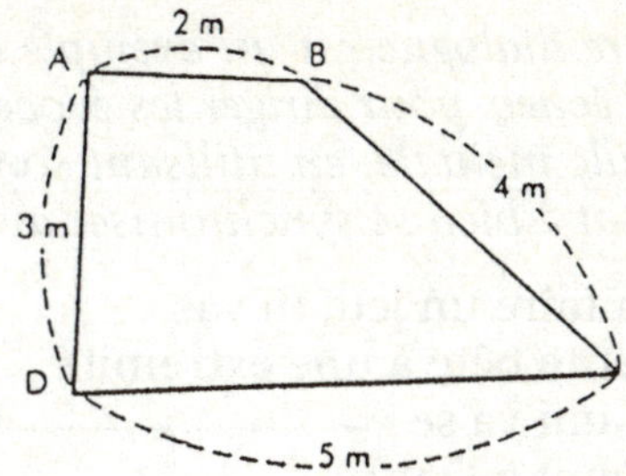

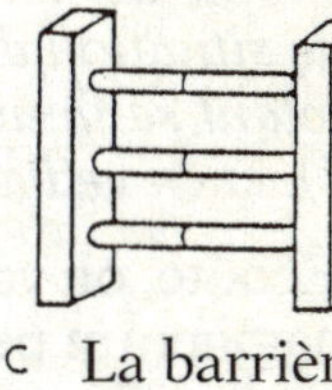

La barrière

Questionnement sur son contenu évocatif :

« Qu'est-ce que tu as dans ta tête ?	
– Je vois le champ de mon grand-père. →	*image visuelle*
– Comment est-il ce champ ?	
– Il a cinq côtés, une clôture en plastique → jaune, avec trois chevaux près de la clôture.	*image envahissante, statique, en P1*
– Et le champ du problème ?	
– Ah oui ! il a quatre côtés. » →	*contrôle de l'évocation*

Tout ce qui suit est un travail mental sans aucun support visuel :

« Est-ce que tu peux modifier le champ que tu as dans ta tête ? →	*appui sur le P1*
– Non !	
– Est-ce que tu peux en fabriquer un autre comme celui du problème ?	
– Oui, je vais essayer *(silence)* … ça y est !	
– Comment est-il ? →	*verbalisation de son image visuelle pour temporaliser son espace, puis la dynamiser*
– Il a quatre côtés avec un portail en bois et du grillage autour.	
– Est-ce que tu peux en faire le tour et me dire ce qui se passe ?	
– Je vois une longueur de 3, une longueur de 5, et encore une longueur de 4, ah oui ! je vais additionner 3, 5 et 4 pour trouver la longueur du grillage.	
– Et le portail ?	
– Je ne sais pas.	

– Comment est-il ?
– Il y a trois rangées de rondins…
mais je ne sais pas faire. »

La suite de notre dialogue est un exemple de ce qui peut être fait dans une situation d'échec, pour diriger les évocations de l'apprenant, en respectant sa famille mentale, en utilisant son paramètre dominant (ici le P1), et en veillant à bien se synchroniser avec lui.

« Écoute, on va faire un jeu, tu vas imaginer un petite bête à une extrémité d'un rondin, et qui va se déplacer d'un bout à l'autre. Es-tu prêt ?	→ *Proposition d'évocation en P1 mobile*
– Ça y est, j'ai une coccinelle, elle avance en haut… Ça y est, elle est arrivée au bout.	→ *Linéarité du déplacement notion de temps dans son espace mental*

– Combien a-t-elle parcouru ?
– 2 mètres
– Et maintenant ?
– Elle est au bout, elle vient de sauter sur le deuxième bout de bois…
Ça y est, j'ai trouvé !
Je vais multiplier 2 par 3 !

Après la satisfaction de la réussite, il est important que l'élève puisse « conscientiser » son cheminement mental. Il faut alors prendre le temps de lui faire refaire tout le trajet évocatif avant de passer à la réalisation écrite de l'exercice, pour ancrer la stratégie de réussite qui est la condition du transfert vers d'autres situations. Si ce travail évocatif n'est pas fait, l'élève ne conserve que le « souvenir de la réussite finale ».

Conséquences pédagogiques

– Mise en projet d'évoquer les acquis.
– Nécessité d'une évocation complète des données de l'énoncé : les mots ; les figures ; les symboles ; les images.
– Permettre des allers-retours jusqu'à ce que le sujet possède entièrement les données en tête.
– Contrôler l'évocation.
– Vérifier la justesse des acquis.

LE GESTE D'IMAGINATION

On dit d'un élève qu'il a de l'imagination, ou qu'il n'en a pas. On accepte ce jugement comme un constat auquel on ne peut rien changer. Cette capacité serait innée chez l'enfant. Certains enfants plus heureux en seraient dotés, d'autres au contraire dépourvus ; le sujet et son entourage acceptent la chose comme telle.

Antoine de La Garanderie réfute ce postulat *(deus ex machina)*, il affirme que l'imagination, comme tout autre geste mental, peut et doit se développer par une saine pédagogie de la vie intérieure. L'élève qualifié de « sans imagination » a, en fait, pris l'habitude mentale d'imiter avec exactitude ce qu'on lui demande, il n'a qu'un projet de reproduction et se trouve donc démuni en face d'un non-dit, d'un non-vu, d'une situation inédite.

> L'imagination créatrice est le geste mental par lequel on écoute, on regarde, on perçoit le monde afin d'évoquer ce qui peut être découvert ou inventé et qui demeurait jusqu'à présent caché.

Le vrai problème se situe au moment où l'on perçoit les données. En face d'un objet de perception, interrogeons-nous :

– Ai-je un projet uniquement de reproduction fidèle ?
(imagination reproductrice)

– Ai-je un projet de reconstruction dans lequel je m'investis personnellement ?
(imagination créatrice)

– Face à une perception, ai-je le projet d'accueillir l'inédit ?

Seule cette appropriation de l'objet de perception me permet d'envisager sa modification, sa transformation, c'est-à-dire de faire œuvre de création.
L'enseignant doit avoir le souci de rendre à l'élève « la dimension créative qui habite sa perception ». L'imagination se développera au moment même où il acquerra ses connaissances.
L'imagination n'est pas une rêverie, elle est toujours sous-tendue par un projet de sens. On peut distinguer deux tendances dans ce projet, suivant ce qui est visé à travers le projet d'évoquer.

Certains visent *à la* ***découverte***	*D'autres visent* ***à l'invention***
• Le découvreur a un projet d'explication du sens caché du modèle.	• L'inventeur a un projet d'application ou de réutilisation avec ou sans modification du modèle.
• Il fonctionne en première personne.	• Il fonctionne en première personne.
Car ils ont chacun leur propre projet de sens et s'y investissent.	
• Il s'intéresse au *pourquoi* de la réalité ; au *possible* d'une réalité.	• Il s'intéresse au *comment* de la réalité ; à la *réalité* d'un possible.
• Il a une démarche déductive et procède par similitude.	• Il a une démarche inductive et procède par différence.
• Le *pourquoi* appelle le *c'est comme…*	• Le *comment* appelle le *c'est différent de…*

Le geste d'imagination n'est pas exclusivement réservé à des activités de créativité, d'invention, de découverte ; il intervient dans tous les gestes mentaux :
– la mémorisation, sous forme d'imaginaire d'avenir ;
– la réflexion et la compréhension, qui nécessitent la création de liens.

Chapitre 5

Le dialogue pédagogique

Tout au long des chapitres précédents, nous avons décrit les gestes mentaux de l'apprentissage en soulignant l'importance d'en instruire les enfants. Pour qu'ils puissent accéder au sens de l'attention, de la compréhension, de la réflexion, ils doivent prendre conscience de ces vécus. Nous pouvons les aider à travers le dialogue pédagogique.

Antoine de La Garanderie déclare : « L'élève a droit à la responsabilité pédagogique parce qu'il a des ressources pédagogiques qui lui apparaîtront grâce au dialogue pédagogique. »

Il s'agit donc d'un échange qui permettra à l'élève de faire émerger de sa conscience les procédures qu'il a utilisées pour faire attention, mémoriser, comprendre, apprendre..., échange à l'issue duquel l'enseignant le confortera dans ses procédures ou l'aidera à les enrichir pour les rendre plus efficaces.
Le dialogue pédagogique ne porte pas sur les connaissances mais sur les démarches mentales. Ce n'est en aucun cas une enquête psychologique ni un entretien affectif.

Le dialogue pédagogique, pourquoi ?, pour qui ?

Le dialogue pédagogique est utile à l'enfant
La prise de conscience de ce qu'il fait et de ce qu'il peut faire le rend autonome et responsable de ses apprentissages. Il choisira ou non de modifier ses stratégies.

Le dialogue pédagogique est utile à l'enseignant
Il lui permet de comprendre ce qui s'est passé dans la tête de l'élève et donc de déterminer, en cas d'échec, s'il s'agit :

– d'absence d'évocations ;
– d'absence d'évocations adaptées ;
– d'un paramètre déficient ou trop envahissant, etc.

Le dialogue pédagogique est utile au groupe-classe
L'élève découvrant ses propres procédures s'enrichit de celles des autres et par là même s'éveille au respect des différences.

Le dialogue pédagogique, comment ?

Le dialogue pédagogique utilise les techniques de reformulation (selon Carl Rogers). Dans notre cadre pédagogique, la reformulation ne concerne que les démarches cognitives utilisées et utilisables par l'élève. Les questions doivent toujours rester ouvertes et porter sur le « comment » et non sur le « pourquoi ».
L'enseignant veillera à ne pas verser dans les deux excès suivants :

• Les questions trop vagues comme « Qu'est-ce qui s'est passé dans ta tête ? », déroutent l'enfant par leur aspect trop général. Il ne comprend pas ce qu'on attend de lui : s'agit-il d'une réponse d'ordre affectif, émotionnel, sensoriel, cognitif ?

• Les questions trop inductrices de l'enseignant qui a des idées sur la bonne procédure, pense qu'elle est unique, et veut la faire verbaliser par l'élève.
Exemples : pour la situation calcul mental : 35 + 48,
« Est-ce que tu t'es dit : 30 + 40 = 70
5 + 8 = 13 et 70 + 13 = 83 ?

Que peut exprimer dans ces conditions un élève qui aurait trouvé 83 mais qui aurait posé en visualisant

$$\begin{array}{r} 35 \\ +48 \\ \hline 83 \end{array} \quad \text{ou} \quad 35 + 48 = 83\,?$$

S'il n'a pas l'habitude d'être conscient de ses évocations, s'il n'est pas entraîné à les verbaliser, il est aussi dérouté que l'élève du premier cas.
L'enseignant s'efforcera d'oublier ses propres procédures pour « entrer » dans celles de l'élève en lui permettant de les exprimer au mieux (empathie). Il devra trouver la logique interne de la démarche sans apporter d'explications extérieures à la réalité mentale exprimée par l'élève.
Reprenons le second cas : au lieu de la question citée, l'enseignant aurait pu dire :

– « As-tu vu les nombres en ligne… ?
– As-tu vu l'opération posée… ?
– T'es-tu dit les nombres ? Les as-tu décomposés en les voyant ?
En les disant ? »
Face à ces propositions, l'élève repère sa stratégie et, petit à petit, acquiert des mots pour parler de ses stratégies.

Le dialogue pédagogique, quand ?

Le dialogue pédagogique peut s'engager à tout moment du déroulement de la classe :
– après une activité ;
– lors d'une correction ;
– avant d'aborder une nouvelle notion ;
– après la mémorisation d'une leçon ;
– après la lecture d'un énoncé ;
– après la résolution d'un exercice…

Le dialogue pédagogique peut s'instaurer entre l'enseignant et un élève ou entre l'enseignant et un groupe-classe.
Il est nécessaire d'engager un dialogue pédagogique à partir de situations réussies, et, si besoin est, à partir de situations extra-scolaires.

Le dialogue pédagogique

Ce qu'il n'est pas :	*Ce qu'il est :*
– Un dialogue affectif, moral, psychologique, socio-familial.	– Une recherche des procédures utilisées et utilisables pour s'adapter aux tâches scolaires.
– Un enseignement magistral.	– Un enrichissement pour chacun : *l'élève,* qui découvre comment font les autres ; *le professeur,* qui voit mieux comment expliquer ; *le groupe* qui apprend le respect de l'autre, change d'attitude face à d'autres enseignants, s'autorisant à intervenir dans d'autres cours.

Le rôle de l'enseignant

– Rendre consciente la réalité mentale de l'élève.
– Identifier les habitudes évocatives.
– Ne pas enfermer l'élève dans un profil, mais élargir son champ d'action.
– Proposer d'autres procédures.
– Avoir une écoute inconditionnellement positive.

« *Rentrer dans le mécanisme de l'autre en s'oubliant.* »
« *Trouver la logique de l'erreur.* »

Chapitre 6

Quelques idées fausses à propos de la pédagogie de la gestion mentale

Face à la souffrance de l'enfant en échec scolaire, le pédagogue désemparé expérimente différentes méthodes pédagogiques dont il vérifie le peu de bien-fondé à plus ou moins long terme. En effet, ces méthodes ne s'appuient pas sur la connaissance de la pédagogie de la vie intérieure, c'est-à-dire les procédures mentales.
Certains préfèrent ranger la gestion mentale dans le registre des recettes, vidant la théorie de son essence, tombant dans la dérive facile des clichés, des a priori.
Porter un tel jugement sur la gestion mentale, non seulement prouve le peu de connaissance des travaux d'Antoine de La Garanderie, mais aussi cache le refus d'une prise de conscience et d'une remise en question fondamentale.

Visuels / Auditifs

Les médias ou les personnes peu informées retiennent uniquement cette distinction, allant jusqu'à penser que les propositions d'Antoine de La Garanderie se résument à cette typologie, confondant d'ailleurs, bien souvent, le contenu de l'évocation (visuel, auditif, kinesthésique) avec les entrées perceptives visuelles et auditives.
Si Antoine de La Garanderie décrit très précisément ces contenus évocatifs, ses recherches vont bien au-delà. Les fondements de la gestion mentale se trouvent dans la description des structures de projet de sens qui sous-tendent les gestes mentaux (attention, mémorisation, compréhension, réflexion, imagination).
La connaissance de ces structures permet à l'enseignant de découvrir celles qui lui sont propres. Il est alors obligé d'en tenir compte dans la présentation de son message. Cela lui permet aussi de connaître

les structures de projet de ses élèves (par le dialogue pédagogique) et de vérifier si elles sont exploitées adéquatement.

C'est long, on perd du temps

La nécessité de passer à un niveau d'évocation pour tout apprentissage amène l'enseignant à donner aux enfants des temps d'évocation qui permettent de se redire ou de se revoir ou de réentendre le message perçu... Ces temps sont nécessaires et très appréciés des enfants (qui n'en profitent jamais pour se dissiper). Malheureusement cette bonne habitude fait peur aux enseignants qui ont l'impression de « perdre du temps » ! Mais est-ce une perte de temps, même si le rythme de la leçon en est ralenti ? Connaissant l'importance fondamentale de l'évocation en situation d'apprentissage, on peut se demander : « À quoi cela sert-il d'aller vite ? »
Si l'enfant ne fait que des évocations ponctuelles, partielles, sources d'erreurs, d'incompréhension et de non-attention, ce temps « perdu » n'est-il pas du temps « gagné » en évitant les redites ? Les enseignants savent très bien qu'ils doivent souvent « répéter » la même chose, parfois sans résultats.

Ne va-t-on pas gagner du temps à long terme ?

Le vécu des classes où la gestion mentale a été introduite montre que les enfants qui prennent l'habitude de « bien évoquer » le font de plus en plus rapidement et, en fin d'année, l'enseignant n'est jamais en retard dans son programme.

C'est évident, on le fait déjà

Cette remarque très souvent entendue n'est pas dénuée de vérité. À l'écoute d'Antoine de La Garanderie ou à la lecture de ses œuvres, n'avons-nous pas été surpris par l'évidence de ses propositions et de ses explications ? Parfois certaines paraissent tellement simples que l'on se demande pourquoi personne avant lui ne les a énoncées !
Depuis que l'homme existe, la gestion mentale existe : Antoine de La Garanderie n'a rien inventé, c'est un découvreur de la psychologie cognitive. Il fait émerger de notre conscience des réalités existantes.
Dans notre enseignement, nous pratiquions déjà des points énoncés par la gestion mentale, mais sans pouvoir faire émerger des éléments pédagogiques transférables. Combien de fois n'avons-nous pas été étonnés de constater que telle pratique fonctionnait bien une année, et pas une autre ?

La gestion mentale nous donne une grille d'analyse indispensable à la compréhension de notre pratique pédagogique.

D'autre part, combien d'entre nous prenaient en compte la nécessité d'évoquer? et différenciaient même perception – évocation?
Combien pouvaient dialoguer avec l'enfant sur ses démarches d'apprentissage? Ne restions-nous pas sur une analyse du « produit restitué » et sur des conseils formels : – « sois attentif... » ; – « réfléchis... » et sur des constats : « Cet enfant ne comprend pas... il se disperse », etc. ?
En nous apportant une connaissance des structures mentales d'apprentissage, la gestion mentale nous donne en plus du « pourquoi », un « comment faire » avec nos enfants.

Ils sont trop petits, ils ne savent pas comment ils s'y prennent

Beaucoup d'enseignants pensent qu'il est plus facile d'introduire les éléments de gestion mentale dans leurs cours lorsqu'ils se trouvent face à des « grands » (collège, lycée). L'expérience nous montre qu'il n'en est rien. Bien au contraire...
Le petit enfant n'a pas encore « fixé » ses habitudes mentales et il est plus aisé de lui permettre d'enrichir sa palette évocative.
Est-il trop jeune pour pouvoir prendre conscience de ses évocations? Très tôt, l'enfant peut dire s'il « revoit » et/ou se « redit » dans sa tête et quelle est l'opération qui précède l'autre, et quelles sont ses démarches... Il suffit de le lui demander (on n'en a jamais eu l'idée!), et de savoir mener un dialogue pédagogique avec lui pour lui permettre de devenir conscient de ses propres procédures.

On doit tout changer dans notre pédagogie

Comme nous l'avons indiqué dans notre introduction, la gestion mentale n'est pas exclusive, ce n'est pas une fin en soi, et il n'est pas question de ne plus utiliser les pratiques pédagogiques qui ont déjà fait leurs preuves. L'apport de la gestion mentale va permettre, au contraire, de rendre ces pratiques plus performantes.
– Les mises en projet d'évoquer,
– les temps d'évocation,
– les présentations mixtes des messages,
– le dialogue pédagogique
vont améliorer considérablement l'impact des autres pédagogies sur les enfants.
La gestion mentale ne nous demande pas de tout bouleverser mais d'enrichir nos pratiques. Elle nous permet de porter un autre regard sur l'enfant et sur nous mêmes.

Implications de la gestion mentale dans la pratique de classe

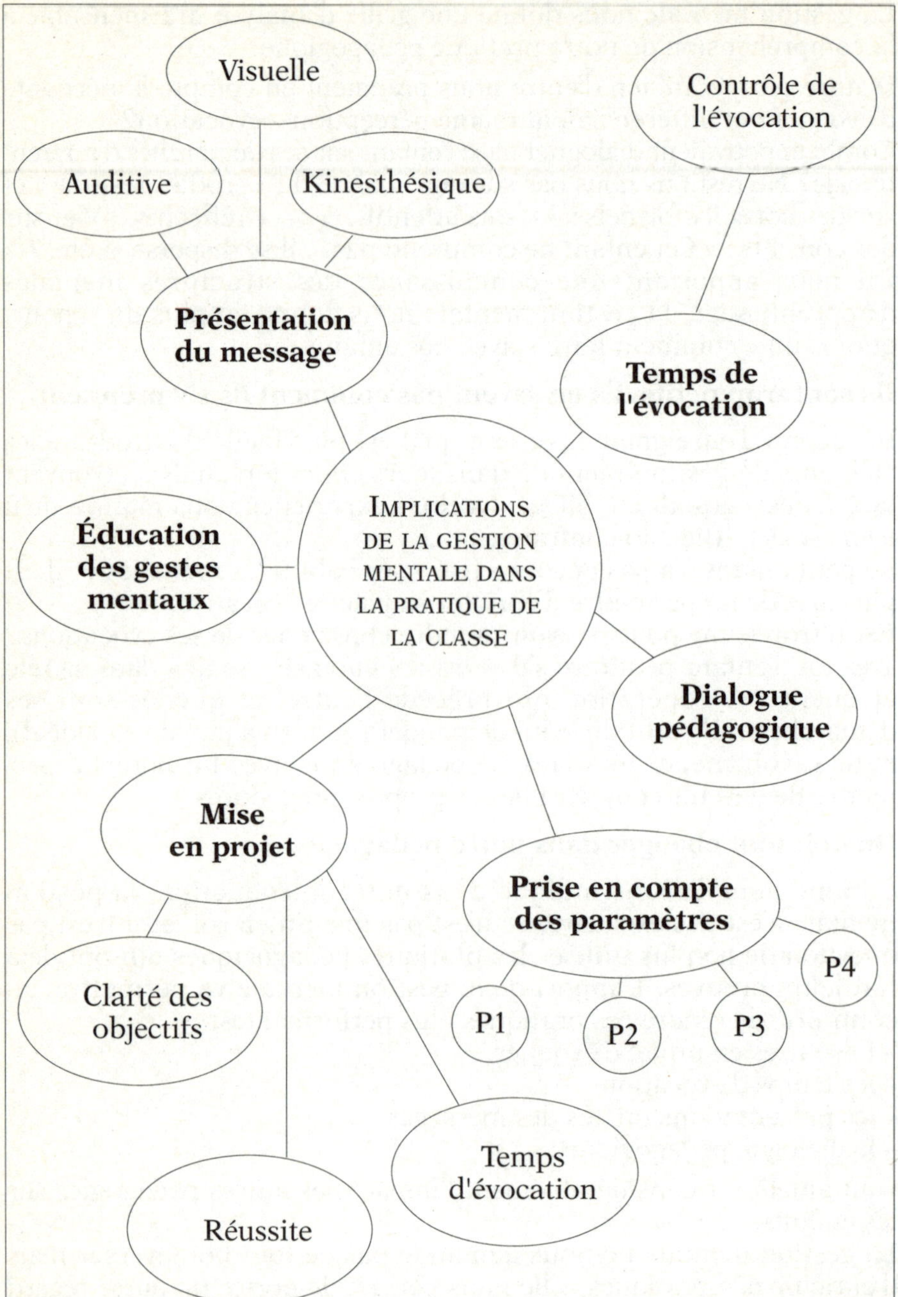

SECONDE PARTIE

LA GESTION MENTALE : UNE PÉDAGOGIE APPLIQUÉE À L'ÉCOLE

Après l'étude des concepts de la gestion mentale, nous présenterons dans cette seconde partie deux grands chapitres.

• *Un ensemble de pratiques pédagogiques* en groupe-classe illustrant :
– le déroulement d'une séquence de travail prenant en compte la pédagogie de la gestion mentale : les temps du codage ;
– le vocabulaire utilisable avec des jeunes enfants (donné seulement à titre d'exemple) ;
– une réflexion sur l'apprentissage de la lecture par rapport aux concepts de la gestion mentale.

• *Des fiches méthodologiques* à l'usage des enseignants et des fiches élaborées au sein de groupes-classes.

Chapitre 7

Ensemble de pratiques pédagogiques

Les objectifs poursuivis à travers la pédagogie de la gestion mentale sont à moduler en fonction de la maturité des enfants, du profil du groupe et du moment de l'année scolaire.

L'enseignant aura le souci de :
– faire prendre conscience de l'existence des images mentales et de leur rôle dans l'apprentissage ;
– vérifier les évocations à l'aide du dialogue pédagogique ;
– enrichir les évocations ;
– pratiquer un entraînement aux gestes mentaux ;
– rechercher les paramètres utilisés pour faire émerger l'origine des difficultés ;
– développer les paramètres déficients ;
– mener des dialogues pédagogiques.

LES TEMPS DU CODAGE

Lors d'un apprentissage, quatre temps sont à respecter pour aider l'enfant à se constituer une évocation dirigée sur l'objet à apprendre. Pour que les élèves puissent coder, un mot, une phrase, un texte ; une forme, un schéma, une figure ; un geste ; une loi, une règle : il faut respecter les quatre temps de l'apprentissage.

> *Les quatre temps de l'apprentissage*
>
> Premier temps, mettre les élèves en situation de projet :
> « *Vous allez regarder pour revoir (...) ou vous commenter (...) dans votre tête.* »
>
> Deuxième temps, présenter le message :
> *visuellement, auditivement, tactilement, olfactivement.*
>
> Troisième temps, donner un temps d'évocation :
> « *Revoyez, réentendez, ressentez.* »
>
> Quatrième temps, contrôler les évocations.

• **Pour rendre les élèves mentalement actifs** en début de séance :
– faire resurgir toutes les représentations préalables.
Si celles-ci sont erronées, l'enseignant devra en tenir compte dans sa démarche ; si celles-ci sont exactes, elles serviront de bases pour la construction de la séance ;
– faire évoquer les acquisitions antérieures sur lesquelles le cours pourra s'ancrer, s'appuyer, jouera le rôle de pont entre les connaissances antérieures et le nouveau concept.

• **Mettre les élèves en situation de projet :**
« Vous allez regarder, écouter pour revoir, redire dans votre tête... »

• **Présenter le message** dans les trois formes :
– *visuelle :* tableau, croquis, flèches, mots écrits. Placer des repères dans l'espace (devant – derrière) ;
– *verbale :* consignes orales, explications, descriptions. Lire les mots écrits.
Placer des repères temporels (avant – après – ensuite) ;
– *kinesthésiques :* méthodes gestuelles. Apprentissage psychomoteur.

• **Laisser les temps d'évocation :**
« Dans votre tête, vous revoyez les croquis, les mots, le tableau. »
« Vous vous redites les mots écrits, vous vous "parlez" le schéma. »

• **Jouer l'imaginaire de l'avenir :**
– Exemple : « Quel type d'exercices imaginez-vous sur cette notion ? »

• **Proposer des exercices :**
– où la règle sera à appliquer (mode déductif) ;
– dont il faudra tirer la règle (mode inductif) ;
– où il faudra inventer un problème où la notion sera à appliquer.

Veillez à ne pas enfermer les élèves dans un type d'exercices ne mettant en jeu que certains ou même qu'un seul paramètre.
Faites évoquer une notion avec le projet d'être capable de la retrouver, de l'appliquer, dans n'importe quel type d'exercices.

VOCABULAIRE UTILISABLE AVEC DE JEUNES ENFANTS

De même qu'il existe dans le domaine physique des démonstrations et des conseils précis conduisant à une bonne maîtrise des exercices sportifs, de même nous considérons qu'il existe dans le domaine intellectuel, des consignes précises favorisant une meilleure mise en œuvre des gestes mentaux.
Les fiches suivantes — vocabulaire pour mettre les élèves en situation d'attention, de mémorisation, de réflexion, d'imagination — sont le fruit d'expériences pédagogiques données à titre d'exemples. L'enseignant pourra les adapter, mais devra en tout état de cause en respecter rigoureusement les différentes étapes ainsi que la chronologie.

Vocabulaire pour mettre les élèves en situation d'attention

Mise en projet	• Tu vas m'écouter pour me réentendre ou pour te redire ou pour voir des mots ou des scènes.	• Tu vas regarder pour revoir ou pour te raconter ce que tu as vu.
Soutien	• Je te redirai cela pour que tu puisses vérifier si c'est bien ce que tu as dans ta tête.	• Tu pourras regarder à nouveau autant de fois que tu le voudras pour vérifier si c'est bien ce que tu as dans la tête.
Perception	• Présentation de l'objet de perception (exemples : poésie, loi… consigne : « écoute »).	• Présentation de l'objet de perception (exemples : dessin, schéma, mots…).
Évocation	• Temps d'évocation « redis-toi, revois… »	• Temps d'évocation « revois, parle-toi… »
Seconde présentation de l'objet de perception pour vérification.		
Réalisation « Tu fais en faisant revenir ce que tu as dans la tête. »		

Vocabulaire pour mettre les élèves en situation de mémorisation

Tu écoutes — Tu regardes

avec le projet de réentendre, de te redire, de revoir.

Tu réentends, tu redis, tu vois — Tu revois, tu te parles de ce que tu as vu

avec le projet de le redire ou de le revoir lorsqu'on te le demandera.

Tu fais cela en t'imaginant en train de :
– réciter, répondre, refaire… ;
– dans la classe, à tel endroit, devant tes camarades.

Tu recommences jusqu'à ce que tu sois capable de faire cela facilement, complètement, exactement.

Vocabulaire pour mettre les élèves en situation de réflexion

RÉ FLEXION

Tu lis cet énoncé
Tu écoutes cette phrase
Tu observes ce croquis
} pour le mettre entièrement dans ta tête.

Tu vérifies

Tu te redis les lois, les définitions, les mots, les exemples.
Tu revois les dessins, les schémas…
Tu revois la situation de classe quand tu as appris ces lois.

FLEXION

Tu choisis la loi ou l'exemple adaptés à l'exercice.

Tu fais retour à ton exercice pour appliquer la loi.

Vocabulaire pour mettre les élèves en situation d'imagination (transformation d'un objet perçu)

– Tu observes cet objet avec le projet d'évoquer d'autres formes ou d'autres objets (que tu verras… ; dont tu te parleras… ; que tu sentiras…) auxquels il te fait penser.

– Tu vas maintenant faire un choix parmi ces formes ou ces objets.

– Tu vas maintenant te faire des images sur tout ce que tu connais (vu, entendu, senti, lu) *et qui existe vraiment* autour de ce nouvel objet avec le projet de les dessiner.

– Tu t'imagines en train de les dessiner, tu situes sur ta feuille les différents endroits où tu veux représenter ce que tu as en tête.

– Tu dessines en faisant revenir ce que tu as imaginé.

L'APPRENTISSAGE DE LA LECTURE

L'acte de lire

Dans la petite enfance, le passage à la marche est une étape essentielle pour que l'enfant accède dans son corps à la liberté d'être. De même dans l'enfance, par le passage à la lecture, il accède dans son intellect à cette même liberté d'être.
Ces deux étapes révèlent l'essence même de l'homme.

Quels sont les projets inhérents à la lecture ?
L'enfant se situe face à un support écrit : il découvre le sens gauche-droite spatial de la lecture. Il réalise par ce fait même une certaine maîtrise de l'espace. Le projet de lecture n'est pas uniquement le décodage d'un message écrit. En effet, inhérents à l'acte de lecture, se développent le projet de communiquer, dans lequel l'enfant se décentre de lui-même et se tourne vers les autres, et le projet de grandir, où l'enfant accède à l'autonomie en décryptant mieux le monde qui l'entoure.
Une bonne ou une mauvaise appréhension de la lecture chez l'enfant peut avoir des conséquences heureuses ou douloureuses sur l'adulte qu'il sera demain. L'enseignant doit apporter un soin tout particulier à cet apprentissage de base, veillant à maintenir chez l'élève motivation et plaisir. En conséquence, il nous paraît nécessaire de nous demander quelles sont les conditions préalables à l'acte de lecture.

Conditions préalables à l'acte de lecture

Au cours du cycle 1 l'enfant a découvert la socialisation. Il se pose lui-même en tant que sujet et accepte les autres comme tels.
Cette socialisation passe par le nécessaire apprentissage de la communication.
Aux cycles 1 et 2 de nombreux exercices ont permis à l'enfant de découvrir, connaître, maîtriser son schéma corporel (corps perçu). Sa conscience corporelle est alors assez mûre pour être un élément de structuration de l'espace par rapport à son propre corps (l'enfant saura ce qui est devant, derrière, dessus, dessous, à droite, à gauche) et du temps (il a conscience de ses rythmes biologiques).
Parallèlement, l'enfant a développé l'écoute par des exercices appropriés. Il reconnaît des sons, associe le son avec l'objet concret ou l'image de cet objet. Ainsi le potentiel lexical, acquis dans ses premières années et développé à la maternelle, s'enrichit. Fort de ses nouvelles acquisitions, l'enfant sera heureux de les exploiter dans les différentes propositions de lecture d'histoires que l'enseignant lui fera. Le climat chaleureux et rassurant de la classe lui permettra d'avoir une image positive de lui-même et développera son goût et son désir d'apprendre.

Argumentation

Cependant, de nombreux élèves qui arrivent en CP présentent des difficultés d'organisation de l'espace-temps, du schéma corporel, et connaissent des problèmes affectifs. La prise en compte de ces difficultés, le projet de mettre tous les élèves en condition de réussite nous a conduits au choix d'une démarche de lecture à dominante synthétique. Bien que certains la contestent, l'expérience et les résultats obtenus nous confortent dans ce choix. « Il est aisé de contester et de condamner cette méthode, qualifiée d'artificielle et de mécanique, nonobstant le fait qu'elle a formé des millions de lecteurs et la quasi-totalité des "vrais" lecteurs de ce siècle*. »

Développons maintenant les principaux points d'ancrage de la méthode.
• De nombreux exercices structuraux oraux ont habitué l'élève à reconnaître, situer, isoler les sons.
Cette pratique facilite découverte et repérage du nouveau phonème.

* A. Bentolila, B. Chevalier, D. Falcoz-Vigne, *La Lecture : Apprentissage, évaluation, perfectionnement,* Nathan, Paris, 1991.

Des exercices spécifiques, avec un matériel adapté, ont permis, depuis le cycle 1, de développer et d'affiner les perceptions. Utilisés en gestion mentale, ils conduisent à l'enrichissement des évocations.

• L'appui gestuel accompagné de l'articulation phonomimique* apporte un côté ludique à cette méthode.
Pour l'enfant plutôt visuel, il constitue un repère supplémentaire indispensable et introduit une temporalité dans le décodage.

• La lecture est le prolongement de la parole pour peu qu'on donne des images de référence dans un ordre adapté.
Pour l'étude du son « ou », on choisira par exemple l'image de la poule. En cas de difficulté, l'enfant visuel devra évoquer l'image de la poule, et l'auditif devra se dire « c'est "ou" comme poule ».

• Pour maîtriser le graphisme de la lettre, l'élève marche sur le modèle dessiné au sol, en parlant, utilisant un vocabulaire spatio-temporel : d'abord, ensuite, à droite, à gauche, vers le haut, vers le bas.
L'évocation du mouvement aidera le sujet plutôt visuel, l'évocation des mots, le sujet à tendance auditive.

• Par le déplacement oculaire latéral gauche-droite, l'élève enchaîne le déchiffrage des syllabes et des sons. Cette séquentialité est répétée plusieurs fois jusqu'à ce que le mot soit oralisé en une seule émission.
Cette rigueur entraîne la précision du déchiffrage.
Elle permet à l'élève de n'oublier ni lettre, ni syllabe, ni son lors d'une dictée ou d'une copie.
La structuration de l'espace ainsi définie sera réinvestie dans toute confrontation à l'écrit.
L'oralisation faite, une évocation en paramètre 1 sera nécessaire pour accéder au sens. L'enfant reprendra la même démarche pour le déchiffrage de la phrase jusqu'à une globalité rigoureuse et porteuse de sens.
D'après B. Toresse (voir bibliographie), une méthode syllabique, rénovée par la gestion mentale et l'apport gestuel, n'élimine pas pour l'élève l'accès au sens – bien au contraire – puisque celui-ci ne prononce pas le mot à haute voix avant de l'avoir compris.
Cette verbalisation est génératrice d'une grande capacité de reproduction du texte et d'une qualité orthographique évaluable.

1. À chaque son est associé un mime (mouvement de la bouche, des mains, etc.).

• La suite logique de ces différents apprentissages se fait selon un rythme régulier et répétitif qui permet une maîtrise du temps social et par là même une structuration du temps mental, produit un effet sécurisant et conduit à une réelle autonomie.
Ce rythme régulier proposé à la classe peut se moduler selon les élèves.
À aucun moment l'enfant n'est confronté à une difficulté qu'il ne peut résoudre. Il a déjà en lui les acquis et méthodes pour la surmonter. L'enseignant est là pour le guider et l'encourager.
Antoine de La Garanderie affirme que « l'enfant est responsable de ses apprentissages et de sa réussite ».
Reprenant confiance en lui, l'enfant en difficulté abandonne doucement ses « projets d'échec ».

• Des exercices de lecture silencieuse (lecture compréhension) qui s'inscrivent dans le rythme précédemment décrit adoptant les formes les plus variées développent ainsi les compétences de l'enfant :
– anticipation ;
– retour aux acquis antérieurs ;
– recherche d'indices ;
– création de liens logiques ;
– repérage des mots outils.
L'enfant non seulement acquiert la maîtrise du geste de compréhension et de réflexion, mais aussi forme son esprit critique.

• Cette démarche conduit tout naturellement l'enfant à la lecture courante. Un entraînement régulier, après un temps de préparation silencieuse, est nécessaire, car à aucun moment une lecture syllabée n'est acceptée. L'enfant plutôt visuel, en entendant les autres lire à haute voix, peut se faire sur ses évoqués visuels des évocations auditives (loi des évocations).

Méthodologie d'une pratique de classe
Nota : Dans ces deux paragraphes consacrés à la pratique de classe, les moments où des temps seront à ménager pour permettre aux enfants d'évoquer seront signalés par le signe :

Cas de l'apprentissage d'une lettre
• Auparavant et/ou simultanément et de façon collective nous proposons :
– de nombreux exercices de discrimination visuelle et auditive afin de permettre, à l'aide de différents matériels, la reconnaissance des

sons identiques et des sons différents dans des suites de sonorités proches ;
– l'écoute et l'apprentissage de comptines afin de découvrir et d'isoler de nouveaux sons, et d'élaborer pour chaque son une image de référence ;
– l'utilisation du dictionnaire pour créer des associations images-mots (à chaque signifié est associé un signifiant) et aider l'enfant à comprendre que l'écrit est porteur de sens.

• Matériel utilisé : la silhouette d'une lettre en papier rugueux de couleur foncée est collée sur une plaquette en bois lisse de couleur claire.

• Apprentissage individuel : à partir d'une lettre rugueuse présentée à l'enfant.
– « Les yeux fermés, tu vas sentir avec ton doigt un chemin pour le refaire ensuite dans ta tête. » (L'institutrice guide le doigt de l'enfant.)
– « Peux-tu ressentir ce qui se passait sous ton doigt ? » (Le faire refaire éventuellement une seconde fois.)
– « Maintenant tu vas regarder le chemin que fait ton doigt pour le refaire dans ta tête. »
– « Maintenant tu vas m'écouter pour redire ou réentendre dans ta tête le son de la lettre. » (L'institutrice raconte le chemin de la lettre.)
– « As-tu bien le chemin dans ta tête ?
– Oui... (ou Non.)
– On recommence. Montre-moi avec ton doigt. » (En l'air ou sur le dos de la plaquette.)
– « Comment ce chemin est-il revenu dans ta tête ?
– J'ai revu.
– Bien, garde ton image dans ta tête et écoute-moi pour redire ensuite. » (La maîtresse raconte le chemin de la lettre afin que l'enfant puisse s'entraîner à prolonger son évocation visuelle par une évocation verbale.)
– « Peux-tu me raconter le chemin de la lettre ? » (L'enfant va verbaliser à partir de l'image mentale visuelle de la lettre.)
– « Tu gardes bien le dessin dans ta tête et écoute-moi pour réentendre ou redire dans ta tête : "b". »
– « Qu'as-tu réentendu ? redit ? » Vérification de la prononciation.
Temps de contrôle.

La maîtresse montre la lettre et demande de la lire ; puis elle prononce le son et demande d'écrire la lettre. En cas de difficulté, refaire évoquer la plaquette en demandant à l'enfant de la revoir, de redire ou de réentendre le discours de la maîtresse (ou son propre discours).

Reconnaissance d'un son dans un mot

– « Tu vas redire ou réentendre le son "b" dans ta tête et le garder. » *Temps de contrôle.*

– « Tu vas m'écouter pour dire ou réentendre dans ta tête le mot que je vais prononcer : "robe". »

– « Réentends-tu ou redis-tu dans ta tête le même son que celui que tu as gardé ? » *Temps de contrôle.*

En cas de difficulté, s'appuyer sur des évocations visuelles :

– « Tu vas revoir dans ta tête la lettre "b", tu la dis dans ta tête. »

– « Tu vas m'écouter pour me dire si tu retrouves la plaquette de "b" dans le mot que je vais prononcer : "robe". »

Pendant ce temps d'évocation, l'enfant qui a l'image visuelle de "b" en mémoire, prolongée par l'évocation auditive du son, va effectuer un aller-retour entre l'évocation du mot entendu et l'évocation auditive du son pour remonter jusqu'à l'évocation visuelle.

Localisation d'un son dans un mot :

– « Tu vas faire revenir dans ta tête le son "b". »

– « Qu'as-tu dans ta tête ? » (Vérification de la prononciation.)

– « Tu vas m'écouter pour redire ou réentendre dans ta tête le mot que je vais te dire : "banane". »

– « Tu vas maintenant chercher à quel moment, à quel endroit, tu entends, tu redis le son "b". »

En cas de difficulté pour localiser le son, faire effectuer à l'enfant des déplacements (voir fiche de méthodologie) et se servir de ces déplacements pour aboutir à l'évocation du son et de sa localisation.

Méthodologie pour la présentation d'un son nouveau : "in"

• <u>Repérage de sons identiques entendus</u>

– « Vous allez m'écouter pour réentendre ou vous redire dans votre tête : "lapin". »

– « Qu'avez-vous dans votre tête ? » (vérification de la prononciation)

Le même travail va se poursuivre avec d'autres mots, puis le dialogue continue :

– « Pouvez-vous faire revenir dans votre tête le mot que je viens de dire ?
– Que remarquez-vous ? “in”
– Que fait votre bouche ? »

• Apprentissage du graphisme
– « Je vais vous écrire les mots que nous avons dits. Que remarquez-vous ? »
Les enfants découvrent le graphisme du son “in” dans les mots.
– « Vous allez regarder le tableau pour le revoir dans votre tête. »

– « Vous allez m’écouter pour réentendre ou vous redire dans votre tête » (tableau caché).

– « Pour faire “in” j’écris d’abord i, ensuite n... et ma bouche s’étire presque jusqu’aux oreilles. »

• Mémorisation phonème/graphisme (sans support de perception)
– « Vous allez faire revenir dans votre tête ce que vous avez revu, redit, ou réentendu. » *Contrôle de l’évocation.*
– « Vous allez regarder le tableau pour savoir si ce que vous avez revu dans votre tête est juste... »
– « Vous allez m’écouter pour savoir si ce que vous avez dit ou entendu dans votre tête est juste... »
La maîtresse vérifie à l’aide d’un dialogue pédagogique les évocations des enfants.

• Mise en projet d’imaginaire d’avenir
– « Vous allez imaginer que vous êtes à la maison et que vous expliquez à votre maman (ou à quelqu'un d'autre...) comment s’écrit “in”, que vous l’écrivez là, à la maison (ou ailleurs...), que vous l’écrivez demain à l’école...

Chapitre 8

Fiches méthodologiques

Il nous a paru important à ce point de notre démarche de proposer quelques fiches pédagogiques. Elles doivent être considérées comme des pistes de recherche plutôt que comme des modèles en soi.
L'apprentissage des gestes mentaux en classe ne doit pas se faire de façon théorique et doctrinale, mais s'appuyer sur un vécu de l'enfant à travers de multiples situations et dialogues pédagogiques.
Ces mises en situation incluent des activités physiques et sensorielles qui s'avèrent décisives dans la prise de conscience des procédures mentales et dans la possibilité de les transférer à d'autres domaines.
Les fiches élaborées par les élèves ne sont données qu'à titre de témoignage d'une pratique, et ne sont pas réutilisables dans l'état car elles sont le fruit de la réflexion d'un groupe-classe à un moment donné pour un travail donné.

Comment utiliser les fiches méthodologiques élève :
Lorsqu'une fiche a été établie à la suite d'une séance de travail, on peut l'exploiter de la façon suivante :
– on la transcrit sur un panneau grand format, qui sera affiché au tableau (un mois au maximum). Il servira de référentiel ;
– elle sera polycopiée et collée dans le cahier de méthodologie de gestion mentale de l'élève (les points importants seront repassés au feutre),
– L'élève devra savoir la *lire* (voir décodage), la *mémoriser,* être capable de la *réciter.*
Il sera mis en *projet* d'y faire *retour* lors des activités.
Les fiches décodées seront aussi polycopiées et collées dans le cahier des élèves. Elles serviront aussi au travail du soir avec les parents.
La majorité des fiches présentées concernent le cycle des apprentissages

fondamentaux (CAF) : en effet, c'est à ces niveaux que se situe le plus grand travail en gestion mentale.
Au cycle des apprentissages premiers (CAP), le travail se situe surtout au niveau de l'éducation à l'attention.
Les modèles des fiches proposées en CAF, sont transposables en CAP.
Le tableau ci-après récapitule les domaines pédagogiques, les gestes mentaux et les niveaux concernés par les fiches qui suivent.

	Domaines pédagogiques							Gestes mentaux				
	Pré-lecture	Lecture	Dictée	Mathé-matiques	Poésie	Psycho-motricité	Lecture de consignes	Attention	Mémori-sation	Réflexion	Compré-hension	Imagi-nation
CAP 1re année						x		xxx	x			
CAP 2e année						x		xxx	x			
CAF 1re année	xx			x		x		xxx xxx	x x	x		
CAF 2e année		xxx x	xx xx	xxx			xx		x x	xxx xxx	xxx	
CAF 3e année		xxx	xx x	x	x		xx		x x	xxx xx	x	
CA 1re année			x				x		x x			
CA 2e année							x		x			
CA 3e année							x		x	xx		
Adaptation			xx					xxx	x	xx		

FICHES DE SENSIBILISATION AUX GESTES MENTAUX

Les cinq fiches suivantes sont consacrées aux différents gestes mentaux : perception-évocation, mise en projet, attention, mémorisation, imagination.
Elles sont réalisées par les élèves en collaboration avec le maître à la suite de séances de travail sur chacun de ces gestes.
Polycopiées et conservées par chaque élève dans un classeur méthodologique, elles serviront à la fois :
– de base pour de nouveaux exercices des différents gestes ;
– de référence « théorique » quand les enfants voudront se rappeler de ce que sont ces différents gestes.

ÉLÈVE

FICHE DE SENSIBILISATION À L'ÉVOCATION

1. PERCEPTION

1. Quand je dois observer un objet

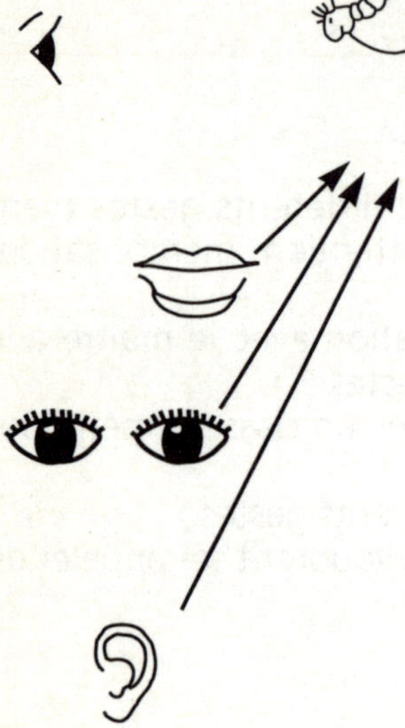

je me parle de cet objet

je le regarde longtemps

j'écoute ce qu'on me dit de cet objet

2. ÉVOCATION

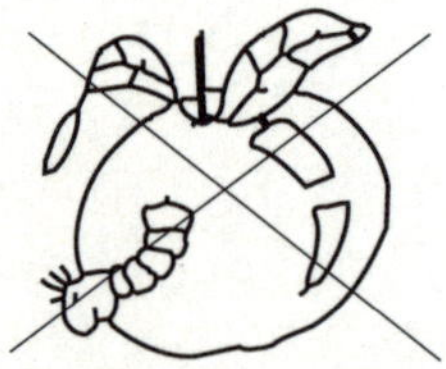

2. Quand l'objet n'est plus là je le fais revenir dans ma tête :

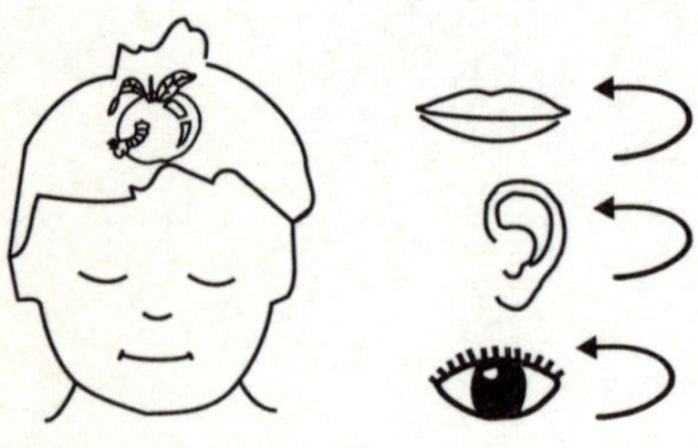

– en me reparlant

– en réentendant

– en le revoyant

FICHE DE SENSIBILISATION AU PROJET

Maintenant

Je fais exister à l'avance dans ma tête
ce que l'on m'a dit ou montré

en le revoyant,
en le redisant,
en le réentendant :

parce que j'aurai à le faire plus tard
à le dire plus tard.

Plus tard

Je fais, j'applique, je récite

J'écris en 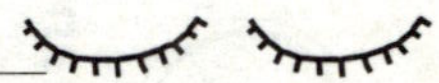 évoquant

c'est-à-dire en faisant revenir
ce que j'ai mis dans ma tête avant.

Être en projet, c'est faire exister à l'avance dans sa tête ce qui servira plus tard

ÉLÈVE

FICHE DE SENSIBILISATION AU GESTE D'ATTENTION

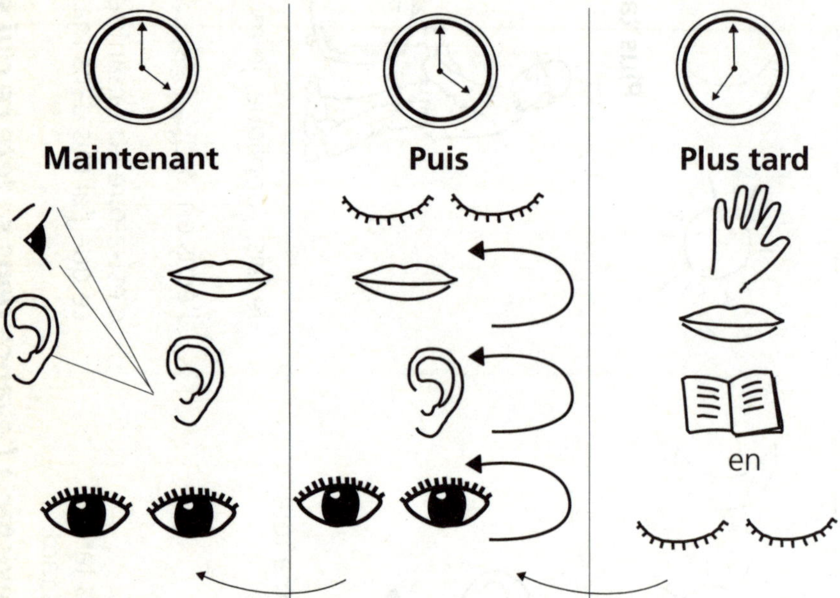

Je regarde
ou j'écoute

en me parlant de…
en regardant longtemps…
en écoutant…

je fais revenir
dans ma tête :

en me reparlant
en revoyant
en réentendant

je fais,
je récite,
j'applique :

en évoquant
ce que j'ai mis dans
ma tête avant

FICHE DE SENSIBILISATION AU GESTE DE MÉMORISATION

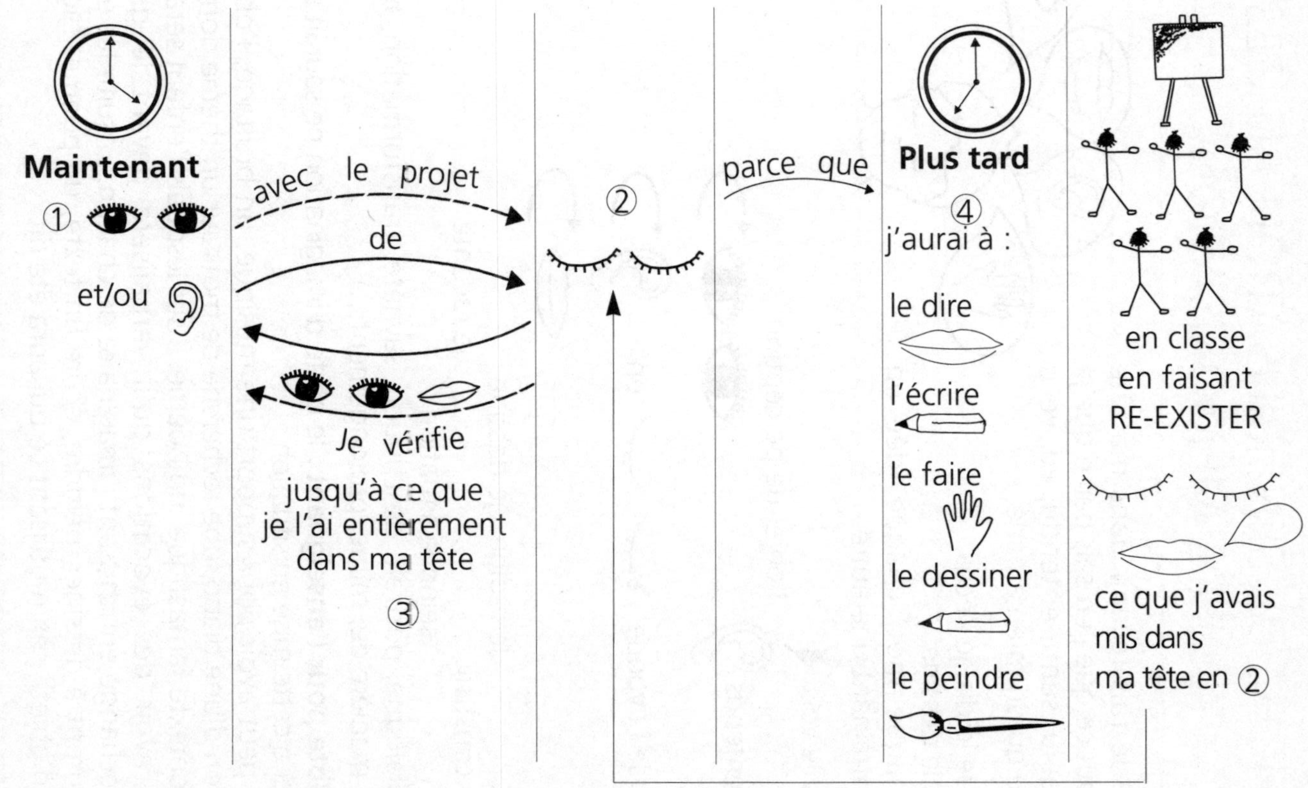

Pas de mémorisation sans projet

ÉLÈVE

FICHE DE SENSIBILISATION AU GESTE DE MÉMORISATION

1. Je fais revenir dans ma tête tout ce que j'en sais parce que je l'ai lu, senti, entendu, vu, vécu ou qu'on m'en a parlé.

– Je le dis, je l'écris,
je le dessine
chaque mot, chaque idée en entraînant une autre.

2. Je vois 

l'objet de perception

J'entends 

3. Je l'évoque 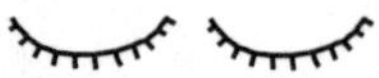 en 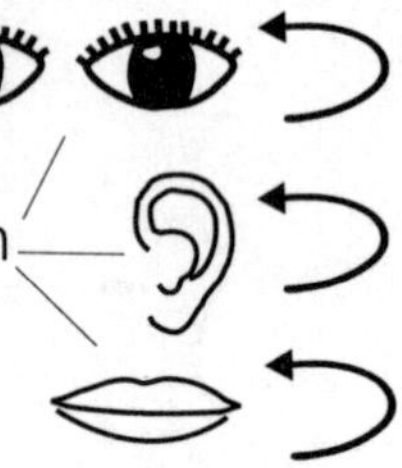

4. Je rédige je dessine
je construis je raconte
selon la situation...
(dialogue, portrait, description, saynète, transformation, texte à la manière de, mime, prolongement...)

Note pour l'enseignant : le geste d'imagination ne saurait se limiter à cette mise en situation.
Il peut avoir pour support une musique, un bruitage, l'observation d'une diapo, une recherche de mots sur un thème donné, un contexte fantastique, un poème... sur lesquels l'enfant sera invité à avoir des évocations qu'il verbalisera devant le groupe, l'échange enrichissant l'imaginaire de chacun. Ensuite les enfants auront à dessiner, peindre, écrire un texte, un poème, façonner un objet... en réutilisant ce qui aura été dit.

EXERCICES PROPOSÉS AUX ÉLÈVES

Dans le chapitre consacré au geste de l'attention, nous disions qu'il était souhaitable d'éduquer l'attention des élèves, de développer leurs capacités d'évocation.

Nous pensons que dès la première année du cycle des apprentissages fondamentaux et au cours des années à suivre, il convient de proposer aux enfants des exercices réguliers et variés.

Ces séquences pourront exercer l'attention à partir :

– d'un objet de perception visuel ;
– d'un objet de perception auditif ;
– d'un objet de perception visuel et auditif ;
– d'un objet de perception mobile ou immobile ;
– d'un objet de perception coloré ou non coloré ;
– etc.

On mettra à chaque fois les élèves en projet de se faire des évoqués visuels, verbaux, auditifs, quel que soit l'objet de perception. On leur dira précisément quel est l'objectif à atteindre. On leur laissera le temps d'évoquer la consigne ou l'objet de perception et de vérifier leurs évocations. On leur fera jouer la « scène de l'avenir ».

Ces exercices seront suivis d'un dialogue pédagogique avec les élèves qui s'intéressera aux procédures utilisées.

L'enseignant pourra, selon les exercices ou son désir de connaître tel ou tel enfant, rechercher :

– l'existence d'images mentales ;
– la nature de ces images ;
– le projet de l'élève ;
– les domaines paramétriques.

ENSEIGNANT

GESTION MENTALE	EXERCICE D'ÉDUCATION DU GESTE D'ATTENTION	CAF 1re année

Objet de perception auditif

Objectif
Dessiner ce qui va être raconté par l'enseignant.

Mise en projet
Les enfants sont invités à se faire des images visuelles et auditives du récit qu'ils vont entendre pour pouvoir ensuite en faire revenir les images et les mots quand ils dessineront.
Ils sont informés qu'ils entendront le récit deux fois pour pouvoir vérifier si ce qu'ils ont « mis dans leur tête » est exact.

Écoute du récit
(Le récit sera fait en insistant sur les mots soulignés.)
« Vous allez dessiner une montagne qui n'est pas pointue, elle est arrondie.
Tout en haut, au sommet, on voit deux arbres.
Plus bas, à gauche il y a trois moutons. Ces trois moutons marchent vers la droite parce qu'à droite, il y a une bergerie. Devant la bergerie un chien les attend.

Faire observer aux enfants un *temps de silence,* yeux fermés, pour l'évocation du récit.

Une *seconde écoute du récit* permettra une vérification.

Réalisation
Les enfants dessinent ce qu'ils ont évoqué.

Cet exercice sera suivi d'un dialogue pédagogique.

Objet de perception visuel et auditif

Objectif

Mémoriser une série de dessins et la dessiner ensuite sans modèle.

On donne aux élèves deux feuilles, en leur annonçant l'objectif à atteindre.

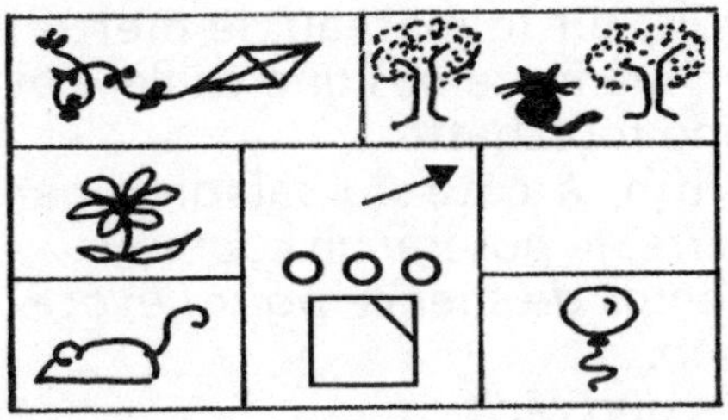

Feuille 1

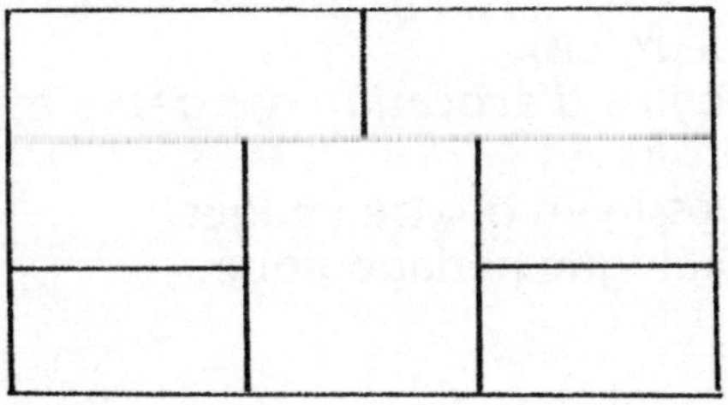

Feuille 2

Mise en projet

Les élèves et l'enseignant racontent tout ce qu'ils voient sur la feuille 1 en donnant des éléments sur l'emplacement (« l'endroit »), la forme, la quantité des objets.

Chacun prend le temps en silence de photographier la grille et son contenu.

Les enfants sont invités à évoquer, yeux fermés, ce qui a été dit et photographié, à vérifier en regardant à nouveau la grille si les images mentales produites sont exactes.

Puis ils s'imaginent en train de dessiner sur la feuille vierge les mêmes dessins que ceux qu'ils ont évoqués.

Réalisation

Après ce temps d'évocation la feuille 1 est retirée.

Les enfants dessinent sur la feuille vierge ;

ils sont invités pour cela à faire un retour sur ce qu'ils se sont dit, qu'ils ont entendu ou vu auparavant.

Cet exercice sera suivi d'un dialogue pédagogique.

ENSEIGNANT

GESTION MENTALE	EXERCICE D'ÉDUCATION DU GESTE D'ATTENTION ET DE MÉMORISATION	CAP CAF

Objet de perception auditif et visuel fait d'images mobiles

Objectif
Faire quatre dessins représentant quatre scènes qui vont se succéder devant eux.

Mise en projet
L'enseignant annonce qu'il va dire le nom de certains objets qu'il va poser sur le sol, en quatre fois, les uns après les autres (les enfants sont assis par terre en rond).
Puis les enfants regarderont les objets apportés.
Les yeux fermés, ils devront se raconter, réentendre le nom des ustensiles, les revoir.
Ils s'imagineront en train de faire quatre dessins représentant ce qui s'est passé devant eux.

Récit à évoquer
(Insister en parlant sur les mots soulignés.)
« D'abord, je poserai un saladier sur le sol.
Ensuite, sur le saladier, je poserai un plateau.
Puis, sur le plateau, je mettrai en même temps une cuillère et une fourchette.
Enfin, à côté du saladier, par terre, je poserai un couteau. »
Temps de silence pour l'évocation.
Second récit.
Mise en place des ustensiles, exécution des gestes sans parler (deux fois).
Temps d'évocation des gestes et objets vus.
Dessin en quatre images.
Dialogue pédagogique.

Remarque
Cet exemple peut être proposé à des enfants plus jeunes sans restitution par le dessin mais par l'action, la manipulation, les gestes.

GESTION MENTALE	EXERCICE D'ÉDUCATION DU GESTE D'ATTENTION	

Objet de perception mobile

Mise en projet

D'abord, je vais vous raconter des mouvements que je ferai tout à l'heure devant vous, puis vous vous les direz ou vous réentendrez ce que j'ai dit.

Vous me regarderez exécuter ces mouvements jusqu'à les voir dans vos yeux.

Je raconterai deux fois et je montrerai deux fois pour que vous ayez le temps de vérifier si ce que vous avez dans la tête est bien comme ce que je dis ou fais.

Ensuite vous me dessinerez en quatre dessins comme vous m'aurez vu les quatre fois les unes après les autres.

Récit à évoquer

« Je lèverai le bras droit.

Puis je le baisserai et je lèverai le bras gauche.

Je le baisserai et je me tiendrai sur un pied.

Enfin, en restant toujours sur un pied, je mettrai mes mains sur les hanches. »

Temps d'évocation et de vérification.

Second récit.
Exécution des gestes en silence (deux fois).
Temps d'évocation des gestes.
Dessin en quatre images.
Dialogue pédagogique.

ENSEIGNANT

GESTION MENTALE	EXERCICE D'ÉDUCATION DU GESTE DE MÉMORISATION	CAP CAF 1re année Classe perfectionnement Classe d'adaptation

Jeux de mémoire

Introduction

Certains enfants semblent « ne pas avoir de mémoire » ; en fait, ils ne savent pas « comment s'y prendre » pour mémoriser.

Il est intéressant de leur faire aborder la méthode de mémorisation dans des jeux tels que le *Memory* ou bien en leur demandant de mémoriser une suite de deux, trois, ... sept images qu'ils devront retrouver ensuite sur une autre table parmi d'autres images.

Ce travail peut être abordé à n'importe quel niveau du primaire avec des enfants ayant des difficultés d'évocation et de mémorisation.

Quand et avec qui ?

Cette fiche 1 est élaborée en classe, avec les élèves, quand ils jouent à ces jeux pour la première fois.

FICHE MÉTHODOLOGIQUE ÉLÈVE

Pour mémoriser 1

Pour mémoriser des images à leur place (jeu de memory)

1. je regarde → je raconte l'image et sa place

2. 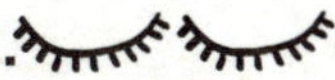 → je réentends
→ je revois

3. je vérifie 

(si c'est faux, je recommence **1**. et **2**.)

4. je me vois
je m'entends } réussir le jeu

Dans quelles autres situations, cette fiche peut-elle t'être utile?

Pour mémoriser 2

① Le projet : ....
....

② Je regarde  ....
....

J'écoute 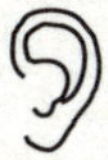 ....
....

en comprenant.

③ Je redis, je réentends ....
Je revois...............................
dans ma tête.

④ Je vérifie  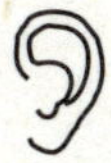

⑤ Je vois
Je raconte } le moment de l'avenir
où je vais utiliser ce que j'ai.

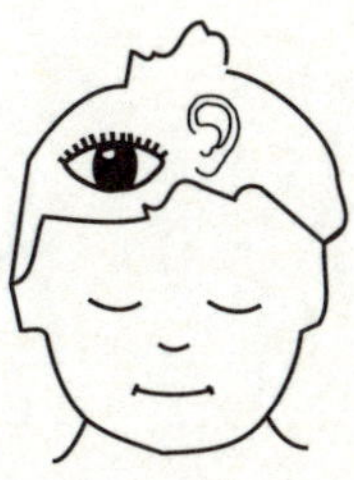

FICHES À L'USAGE DES ENSEIGNANTS ET DES ÉLÈVES

ENSEIGNANT

PRÉLECTURE DISCRIMINATION AUDITIVE	EXERCICE D'ÉDUCATION DU GESTE D'ATTENTION	CAF 1re année

Recherche d'un son dans un mot

Introduction

En grande section ou au cours préparatoire, certains enfants n'entendent pas distinctement les sons, la suite des sons dans un mot. Ce sont des élèves ayant une stratégie d'apprentissage plutôt visuelle. Ils ont besoin de repères visuels et spatiaux pour saisir une suite temporelle comme une suite sonore.

Quand et avec qui ?

Avec le groupe-classe ou un élève :
– chaque fois qu'un son nouveau est appris ;
– chaque fois qu'on recherche la place d'un son dans un mot ;
– chaque fois qu'on s'interroge sur l'existence ou non de tel ou tel son dans un mot donné.

Prolongement

Il est souhaitable que chaque geste correspondant aux phonèmes… (méthode gestuelle d'apprentissage de la lecture Borel-Maisonny) soit mémorisé de façon que l'évocation du son se fasse facilement.

FICHE MÉTHODOLOGIQUE

Quand j'écoute **chocolat**
où est le son **[o] ?**

• Les enfants regardent l'image du mot étudié.
• Les enfants écoutent le mot dit rapidement, puis lentement.
• Les enfants regardent l'institutrice marcher face à eux de gauche à droite en disant lentement le mot.
• L'institutrice marche à nouveau de gauche à droite en gestuant chaque son du mot (méthode gestuelle Borel-Maisonny).
• Les enfants évoquent :
les « gestes des sons » ; la marche ; les sons du mot.
• Les enfants sont mis en projet de faire un exercice écrit de ce type :

[o] : 

Consigne :
Place un point à la place du son [o], sur chaque trait.

Ils sont invités : à ***voir*** une « marche » sur les mots ;
à ***sentir*** une marche sur les mots ;
à ***gestuer;***
à ***s'écouter*** dire les mots…

PSYCHO-MOTRICITÉ	EXERCICE D'ÉDUCATION DU GESTE D'ATTENTION	CAF 1re année

Avant d'exécuter un mouvement saut en hauteur

Introduction

En psychomotricité on peut remarquer, souvent, de la part des élèves des attitudes d'« activité précipitante » ou d'« émotivité bloquante ».
Des difficultés peuvent être dues aussi à l'absence d'évocation de la consigne, du déroulement du mouvement à effectuer.
Certains enfants ont besoin de *mots* expliquant les gestes, d'autres souhaitent *voir* quelqu'un réaliser l'exercice pour appliquer les mêmes procédés.

En psychomotricité, l'enseignant doit aussi apprendre aux élèves à intérioriser, à être en projet, à parler, à voir les gestes, à vivre ce moment en projet de réussite, à vivre son corps avec la joie du succès.

La mise en projet proposée dans la fiche ci-après sera la même pour la rythmique, le mime, la relaxation…

Quand et avec qui ?

Dès le début de la grande section et même chez les plus jeunes enfants, il convient de faire évoquer des situations sportives, corporelles, statiques ou mobiles.

FICHE MÉTHODOLOGIQUE

Les enfants regardent Sandrine sauter avec succès, avec le projet de :
– raconter ce qu'elle fait ;
– revoir ce qu'elle fait.

Ils parlent du geste en se faisant revenir l'image de Sandrine en train de sauter.
Ils évoquent ce geste :
chacun redit / ou réentend dire / revoit } le mouvement.

Ils vérifient l'exactitude de leur évocation : Sandrine saute à nouveau.

Ils se mettent en projet de sauter comme Sandrine :
chacun se sent en train de sauter,
– en se racontant le mouvement ;
– en revoyant Sandrine ;
– en se voyant au-dessus de la haie.
Ils se sentent réussir l'exercice.
ils entendent les applaudissements.

Ils exécutent le mouvement :
– ils peuvent « parler » le geste en sautant ;
– ils peuvent revoir Sandrine en sautant.
Résultat : les enfants ont pu sauter jusqu'à 70 cm de haut.

ENSEIGNANT

PRÉLECTURE GRAPHISME	EXERCICE D'ÉDUCATION DU GESTE DE MÉMORISATION	CAF 1re année

Pour apprendre à écrire la lettre p

Introduction

L'écriture d'une lettre, si elle semble un exercice facile, est, pour certains enfants, source de maladresses ou d'échec, lorsqu'ils n'ont pas assez de repères pour saisir et mémoriser la forme de la lettre, lorsqu'il leur manque des mots pour comprendre l'espace occupé par cette lettre.

Quand et par qui ?

La fiche qui suit a été faite par le groupe-classe après avoir pris conscience de la démarche proposée par l'enseignante.
Elle concerne la lettre **p** mais est « élargie » à toute nouvelle lettre à apprendre.

Pour soutenir les débuts de l'écriture, chaque enfant sera invité à se parler ou à photographier de la sorte.
L'expérience montre qu'il y a moins d'écrits miroirs ou d'inversions graphiques si les enfants prennent le temps de faire cette démarche.

FICHE DÉCODÉE

1. J'écoute ce que l'institutrice me raconte de la forme
du **p** → pour me le redire
↘ pour réentendre sa voix le dire.
Je regarde **p** pour le photographier.

2. Je ferme les yeux.
Je réentends la forme du **p.**
Je me redis la forme du **p.**
Je revois le **p.**
Je m'imagine en train d'écrire **p.**

3. Pendant que j'écris **p.**
Je fais revenir ce que j'ai photographié.
Je réentends ce qu'on m'a dit du **p.**
Je redis la forme du **p.**

FICHE MÉTHODOLOGIQUE ÉLÈVE

Pour apprendre à écrire la lettre p

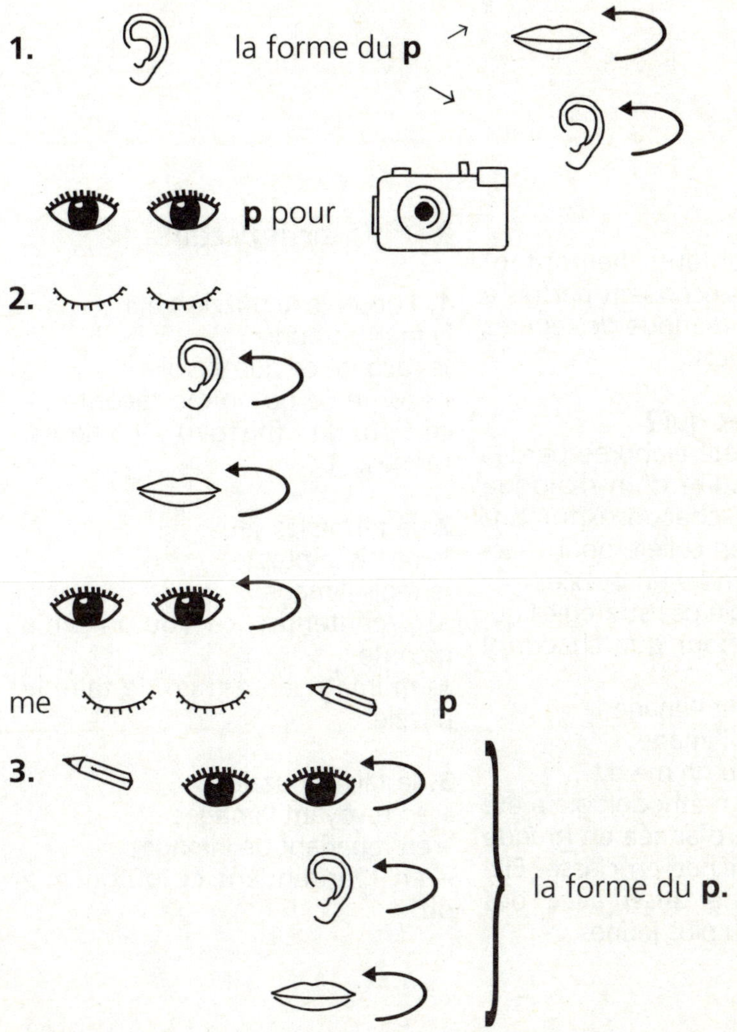

ENSEIGNANT

PRISE D'INDICES	EXERCICE D'ÉDUCATION DU GESTE D'ATTENTION ET DE MÉMOIRE	CAF 1re année CAP

Pour faire un puzzle

Introduction
Lorsque les enfants démontent des puzzles, ils échouent parfois à les refaire par manque de repères verbaux et visuels.

Quand et avec qui ?
Cette fiche a été élaborée par les enfants à la suite d'un dialogue pédagogique, chacun exprimant sa stratégie particulière pour réussir ou entreprendre un puzzle.
C'est l'ensemble des stratégies qui a été retenu pour que chacun y puise une aide :
– photographier l'image ;
– se « parler » l'image ;
– écouter ce qu'on me dit…
Cette fiche de méthodologie a été faite en début d'année en grande section, et affichée en classe. Elle peut être faite aussi avec des enfants un peu plus jeunes.

FICHE DÉCODÉE

1. J'observe le puzzle pour le photographier.
Je raconte ce que je vois.
J'écoute ce qu'on me raconte de ce puzzle (histoire, couleurs, formes…).

2. Je ferme les yeux.
Je revois le puzzle.
Je redis l'image.
Je réentends ce qu'on m'a raconté.
Je m'imagine en train de faire le puzzle.

3. Je fais le puzzle :
– en revoyant l'image ;
– en reparlant de l'image ;
– en réentendant ce qu'on m'a dit.

FICHE MÉTHODOLOGIQUE ÉLÈVE

Pour faire un puzzle

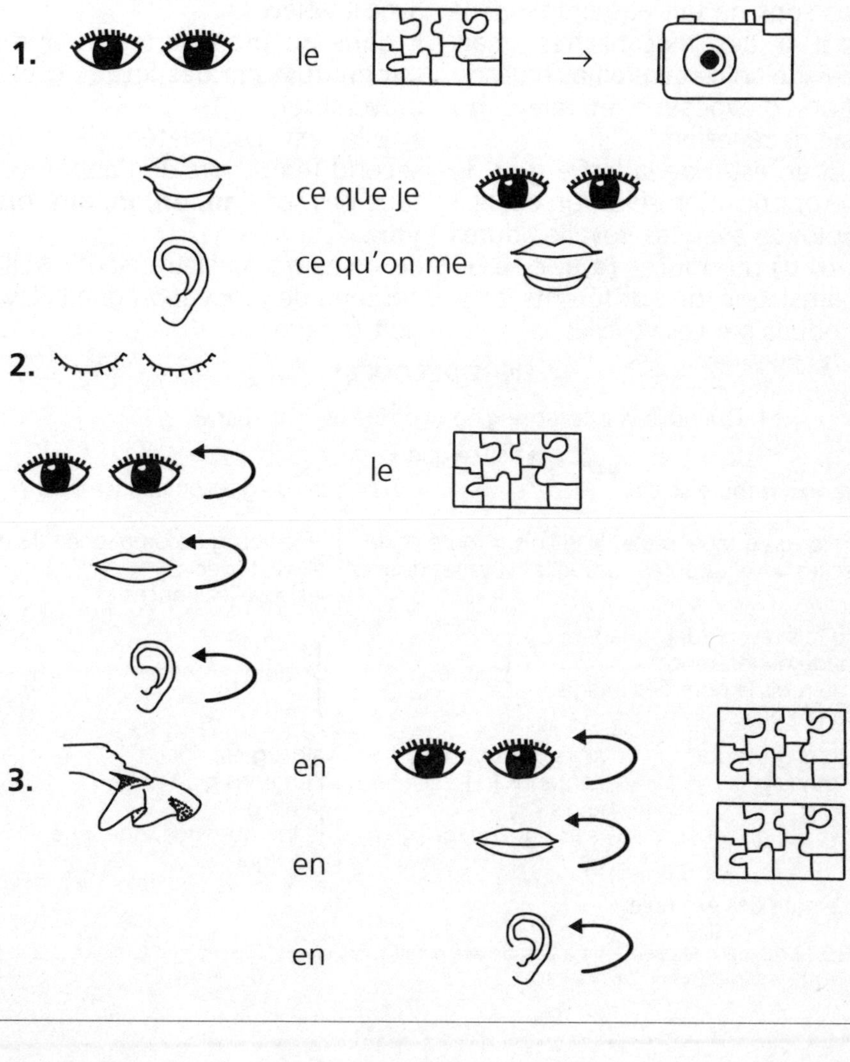

ENSEIGNANT

FRANÇAIS LECTURE	EXERCICE D'ÉDUCATION DU GESTE DE MÉMORISATION	CAF 1re année 2e année 3e année CA en difficulté

Quel son donne la lettre g ?

Introduction

En lecture, l'apprentissage de certains sons ne fait pas simplement appel à des mécanismes, mais nécessite un certain temps d'observation, d'évocation et relève du geste de réflexion.

Ainsi en est-il de la lettre **g** et de sa prononciation selon qu'elle est employée avec les voyelles dures **(a, o, u)** ou douces **(e, i, é, è, ê, y)** ainsi que des différents sons introduits par ces voyelles.

Quand et par qui ?

Cette fiche est élaborée en classe avec les élèves :

• dans un premier temps après l'apprentissage des lettres **g** et **j** (novembre) ;

• elle est complétée dans un second temps lors de l'apprentissage des sons **an, en, in, ain, on, ym...**

Le discours ainsi transcrit est le contenu de l'*évocation* que l'élève doit se faire.

FICHE DÉCODÉE*

1. Quand je vois la lettre **g,** je m'arrête et je me parle :

• Est-ce que •

2. je vois **g** toute seule ?		je vois **g** accompagnée de **u** ?
3. Si je vois **g** toute seule avec les voyelles dures	Si je vois **g** toute seule avec les voyelles douces	Si je vois **g** accompagnée de **u** elle est avec les voyelles douces
4. je fais revenir dans ma tête l'image de référence je me redis le nom de l'image je fais le geste	} idem	} idem
5. alors **g** est dur j'entends **g** je dis **g** je lis : ga, go, gu	alors **g** est doux j'entends **[ʒ]** je dis **[ʒ]** je lis : ge, gé, gè, gi, gy, gê	alors **g** est dur j'entends **g** je dis **g** je lis : gue, gué, guè, guê, guy, gui
6. Lecture des exemples		

* Cette fiche décodée peut-être à l'usage des parents des élèves. Elle reprend le discours que se tiennent les élèves lors de l'évocation.

FICHE MÉTHODOLOGIQUE ÉLÈVE

Quel son donne la lettre g ?

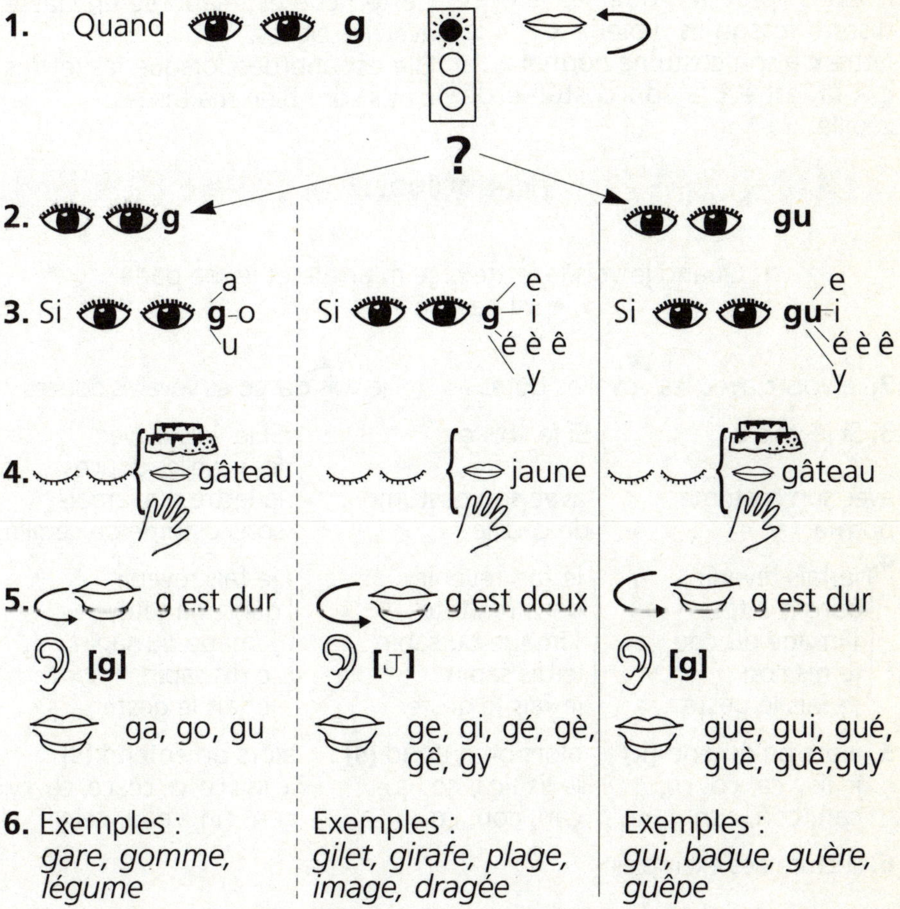

NB : La fiche décodée est donnée également à l'élève et collée dans son cahier de méthodologie.

ENSEIGNANT

FRANÇAIS LECTURE	EXERCICE D'ÉDUCATION DU GESTE DE MÉMORISATION	CAF 1re année, 2e année, 3e année, CA en difficulté

Quel son donne la lettre c, ç ?

Introduction
Il est à préciser que les élèves disent lorsqu'ils voient **c** : « la lettre **c** a son costume normal » : **ç** « la lettre **c** a son costume de cédille. »

Quand et avec qui ?
Cette fiche est élaborée en classe avec les élèves.
Elle est abordée lorsque les lettres **c** et **s** sont bien maîtrisées.

FICHE DÉCODÉE*

1. Quand je vois la lettre **c**, je m'arrête et je me parle
• Est-ce que •

2. je vois **c** avec les voyelles dures — je vois **c** avec les voyelles douces ?

3. Si je vois **c** avec son costume normal :	Si je vois **ç** avec son costume de cédille	Si je vois **c** avec les voyelles douces la lettre n'a jamais son costume de cédille
4. je fais revenir dans ma tête l'image du coq je dis coq je fais le geste	je fais revenir dans ma tête l'image du sapin je dis sapin je fais le geste	je fais revenir dans ma tête l'image du sapin je dis sapin je fais le geste
5. alors on entend **[k]** ; je lis : ca, co, cu, can, con, cun	alors on entend **[s]** ; je lis : ça, ço, çu, çan, çon, çoi	alors on entend **[s]** ; je lis : ce, ci, cè, cé, cê, cy, cen, cin, ceau, cein

6. Lecture des exemples

* Cette fiche décodée peut-être à l'usage des parents des élèves. Elle reprend le discours que se tiennent les élèves lors de l'évocations

FICHE MÉTHODOLOGIQUE ÉLÈVE

Quel son donne la lettre c ?

1. Quand 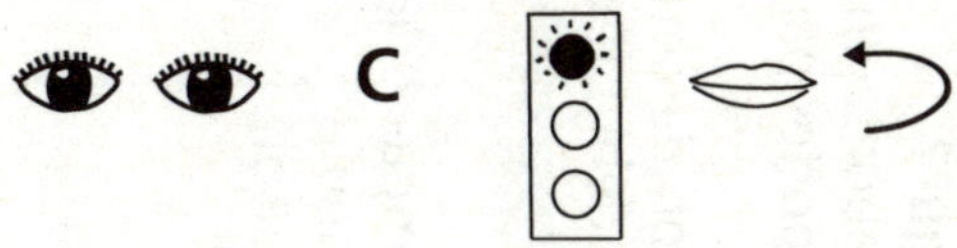

?

2. c — a, o, u | c — e, i, é, è, ê, y

3. Si **C** | Si **Ç**

4. 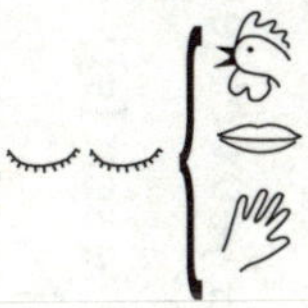 coq |  sapin |  sapin

5. alors **[k]** : ca, co, cu, can, cou, cun | alors **[s]** : ça, ço, çu, çan, çon, çoi | alors **[s]** : ce, ci, cé, cè, cê, cy, cen, cin, ceau, cein

6. Exemples : *car, coq, cou, campagne* | Exemples : *façade, façon, balançoire, grinçant* | Exemples : *pièce, cigale, pincé, ceinture, cinq, cent*

NB : La fiche décodée est donnée à l'élève.

ENSEIGNANT

FRANÇAIS LECTURE	EXERCICE D'ÉDUCATION DU GESTE DE RÉFLEXION	CAF 2e année 3e année CA en difficulté

Quel son donne la lettre S ?

Introduction
Comme nous avons eu l'occasion de le dire pour les lettres **g** et **c** la rencontre de la lettre **s** nécessite un temps d'observation, d'évocation et de choix de la prononciation adéquate, donc une réflexion.

Quand et avec qui ?
Cette fiche est élaborée en classe avec les élèves une fois les sons portés par **s** étudiés et manipulés.
Dans la progression de cette méthode ce temps de travail se situe début février.

FICHE DÉCODÉE

1. Quand je vois la lettre **s,** je m'arrête et je me parle : **2.**Est-ce que : **3.** je vois un **s** tout seul entre deux voyelles (a, e, i, o, u, y, é…) ?	je vois un **s** au début d'un mot ?	Je vois un **s** accompagné d'une seule voyelle placée soit avant, soit après ?	Je vois deux **s** :
4. Je ferme les yeux, je vois les *zébrures.* **5.** Je prononce le son **[z]**. **6.** J'entends **[z]**. Exemples : usine, osé.	Je ferme les yeux et je vois le *sapin;* je prononce le son **[s]** ; j'entends **[s]** . Exemples : sabot, souris.	Je ferme les yeux et je vois le *sapin;* je prononce le son **[s]** ; j'entends **[s]** . Exemples : poste, valse.	Je ferme les yeux et je vois le *sapin;* je prononce le son **[s]** ; j'entends **[s]** . Exemples : bosse, tasse

FICHE MÉTHODOLOGIQUE ÉLÈVE

Quel son donne la lettre s ?

1. S ?

2. s • s • (a, e, i, o, u, y, é)	s —•	a, e, i, o **S** a, ~~e, i,~~ o a, ~~e, i,~~ o **S** a, e, i, o	ss
3.			
4. [z]	[s]	[s]	[s]
5. [z]	[s]	[s]	[s]
Ex. : usine, osé, rose.	Ex. : sabot, souris, sardine.	Ex. : poste, valse.	Ex. : bosse, tasse, assis.

ENSEIGNANT

FRANÇAIS LECTURE	EXERCICE D'ÉDUCATION DU GESTE DE COMPRÉHENSION	CAF 2e année

Jeux de lecture silencieuse

Introduction
Cette fiche est destinée à éduquer la compréhension en lecture chez l'élève.
En effet, en début d'année, la tendance à inventer un mot à partir de la lecture de la première syllabe est fréquente et l'échec dans ce type d'exercice n'est pas dû à un manque de capacité mais à une méconnaissance de la procédure à suivre.
Ce type de fiche permet de sensibiliser l'élève au *sens* de ce qu'il lit et à la rigueur de l'acte de lire.

Quand et avec qui ?
Cette fiche est élaborée en classe avec les élèves :
– dès la fin de septembre ;
– après qu'un ou deux exercices de ce type ont été proposés (réussites et échecs).
Au cours d'un travail collectif, les étapes à suivre sont découvertes, symbolisées.
Un entraînement important à la lecture de la fiche est nécessaire les premiers temps.

Prolongement
Très rapidement des exercices proposant de six à dix phrases de plus en plus complexes pourront être proposés.

FICHE DÉCODÉE

1. je ne prends pas mon crayon

2. je déchiffre les syllabes de la 1re ligne de (1)
je lis les mots (1)
je lis la 1re ligne (1)
je la relis jusqu'à ce que je sois capable de la dire par cœur
→ je l'évoque, je me fais des images

3. idem (2)

4. je prends le crayon, je lis et je « fais les ficelles » (je relie les éléments de (1) aux éléments de (2) qui conviennent)

5. je lis la phrase [(1) + (2)]
je l'évoque

si elle est possible ↓ → **6.** je l'écris

sinon je gomme ↓ je relis, je me refais des images → **6.** je l'écris

FICHE MÉTHODOLOGIQUE ÉLÈVE

Jeux de lecture

Énoncé de l'exercice :

(1)	(2)
ma mère a préparé •	• émile.
papa a puni •	• à la pie.
pipo a pris une plume •	• un rôti.
	• à la nappe.

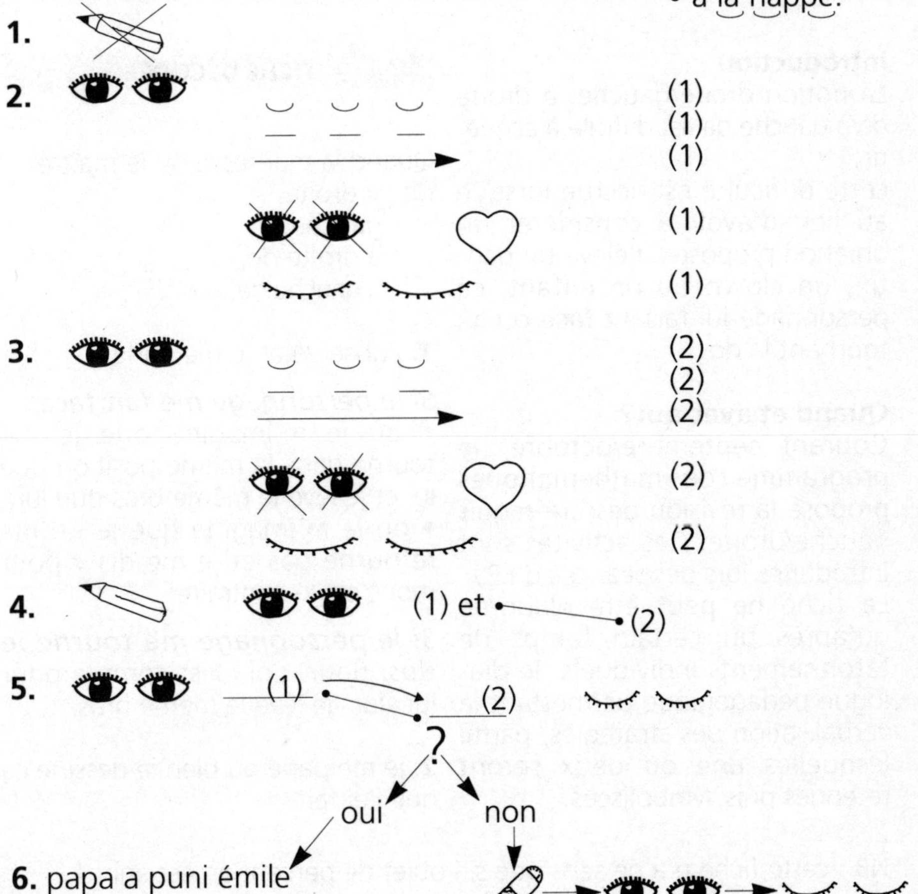

ENSEIGNANT

MATHÉMATIQUES EPS	EXERCICE D'ÉDUCATION DU GESTE DE RÉFLEXION	CAF 1re année 2e année

La notion droite/gauche

Introduction

La notion droite/gauche, à droite de/à gauche de est difficile à acquérir;
cette difficulté est accrue lorsque au lieu d'avoir à considérer un objet on propose à l'élève un pantin, un clown ou un enfant, ce personnage lui faisant face ou lui tournant le dos.

Quand et avec qui ?

Courant septembre/octobre, le programme de mathématiques propose la révision des pré-requis gauche/droite. Ces activités sont introduites lors des séances d'EPS.
La fiche ne peut être élaborée qu'après un certain temps de tâtonnements individuels, le dialogue pédagogique permettant la verbalisation des stratégies, parmi lesquelles une ou deux seront retenues puis symbolisées.

FICHE DÉCODÉE

Quand la maîtresse ou le maître dit « droite,
gauche,
à droite de,
à gauche de… »

1. j'observe et je me parle :

Si le personnage me fait face :
- ou je m'imagine que je me tourne dans la même position que lui et je lève le même bras que lui ;
- ou je m'imagine que je ne me retourne pas et je me dis « pour moi c'est le contraire… »

Si le personnage me tourne le dos, pour moi c'est comme pour lui alors je lève le même bras.

2. je me parle ou bien je dessine ce que j'ai fait.

NB : cette fiche n'a de sens que si l'objet de perception est animé.

FICHE MÉTHODOLOGIQUE ÉLÈVE

La notion droite/gauche

Quand

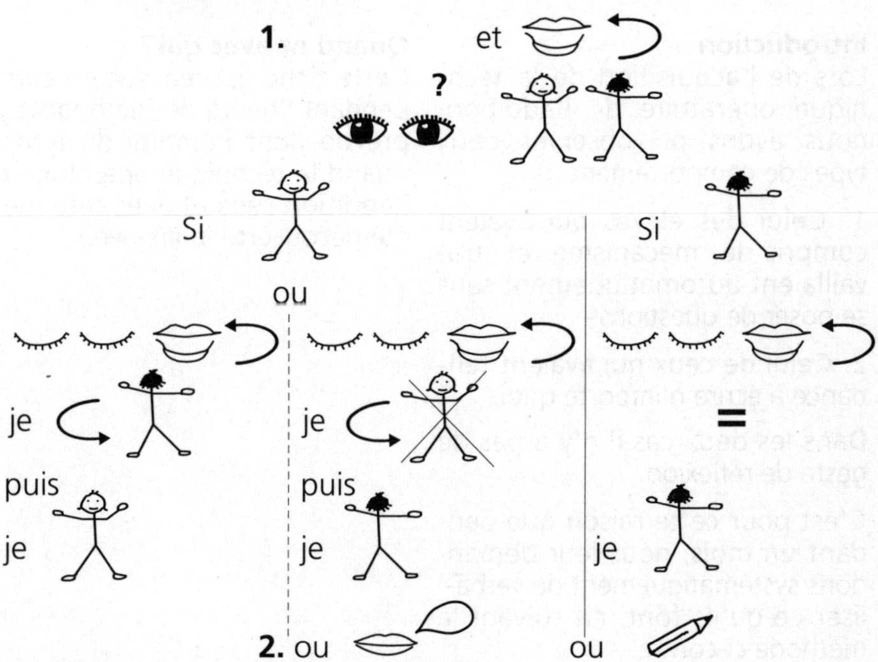

NB : fiche décodée donnée à l'élève

ENSEIGNANT

MATHÉMATIQUES	EXERCICE D'ÉDUCATION DU GESTE DE RÉFLEXION	CAF 2e année

Technique opératoire : l'addition sans et avec retenue

Introduction

Lors de l'acquisition de la technique opératoire de l'addition, nous avons pu observer deux types de comportement :

1. Celui des élèves qui avaient compris le mécanisme et travaillaient automatiquement sans se poser de questions ;

2. Celui de ceux qui avaient tendance à écrire n'importe quoi.

Dans les deux cas il n'y a pas de geste de réflexion.

C'est pour cette raison que pendant un mois, nous leur demandons systématiquement de verbaliser ce qu'ils font, en suivant la méthode ci-contre.

Quand et avec qui ?

Cette fiche est réalisée en classe pendant l'heure de méthodologie prévue dans l'emploi du temps, quand la technique opératoire de l'addition sans et avec retenue a été découverte (mars-avril).

FICHE MÉTHODOLOGIQUE ÉLÈVE

Technique opératoire : l'addition sans et avec retenue

Pour compter une addition, je commence par compter les **unités**. Je trouve :

un nombre < 10

- je l'écris sous les unités et je continue mon opération

- je dis le résultat
- je l'observe
- je réfléchis pour savoir si c'est possible

Exemple

```
   24
+  13
   37      4 + 3 = 7       7 < 10
```

- j'écris 7 sous les unités

2 + 1 = 3

- j'écris 3 sous les dizaines

37 = 24 + 13

un nombre > 10

 ce résultat dans ma tête (si je n'y arrive pas je l'écris sur mon ardoise).

- Je cherche *comment il est fait :*

→ j'écris le chiffre des dizaines en haut de la colonne dizaines ;
→ j'écris le chiffre des unités sous la colonne unités ;
→ je compte les chiffres de la colonne dizaines sans rien oublier

- je dis le résultat de l'addition ;
- je l'observe ;
- je réfléchis pour savoir si c'est possible.

Exemple

```
  18
+ 26
  44      8 + 6 = 14       14 > 10
```

14 est fait avec 1 dizaine que :

- j'écris en haut de la colonne dizaines et 4 unités que
- j'écris sous la colonne unités.

1 d + 1 d = 2 d + 2 d = 4 d

- j'écris 4 sous la colonne dizaines

44 = 18 + 26

ENSEIGNANT

MATHÉMATIQUES	EXERCICE D'ÉDUCATION DU GESTE DE RÉFLEXION	CAF 2e année 3e année

Calcul mental
Comment faire + 10

Introduction
Pour les exercices de calcul mental, plusieurs techniques sont possibles, mais par expérience ce n'est qu'à partir du moment où ces techniques ont été écrites et reverbalisées que l'on constate une réussite chez pratiquement tous les élèves.

Quand et avec qui ?
Cette fiche est réalisée en classe avec les élèves. Il est intéressant de l'élaborer lorsqu'ils ont déjà été confrontés un certain nombre de fois à cette situation et sont donc capables d'« échanger » sur leurs stratégies.
Il est bon aussi qu'ils sachent compter au moins jusqu'à 50.

FICHE DÉCODÉE

Première possibilité :
avec le tableau des nombres
J'évoque
en voyant la case 17 dans le tableau des nombres
ou
en me parlant de la case 17 dans le tableau des nombres.

Une autre stratégie :
J'évoque
en voyant le nombre 17
ou
en me parlant du nombre 17

FICHE MÉTHODOLOGIQUE ÉLÈVE

Comment faire + 10 ?

Exemple : 17 + 10 =

Je peux

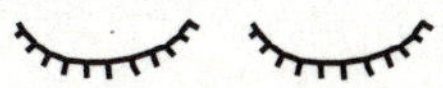 ou 

0	1	2	3	4	5	6	7	8	9
10	11	12	13	14	15	16	17	18	19
20	21	22	23	24	25	26	27	28	29
30	31	32	33	34	35	36	37	38	39
40	41	42	43	44	45	46	47	48	49

et  ↓ 17 / 27   17 + 10 = 27

ou 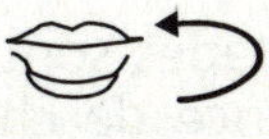

et dire

dans le tableau

je descends d'un étage

à partir de la case 17

↓ 17

27   17 + 10 = 27

17

17

chiffre des dizaines

17   17 + 10

27   =

27

ou 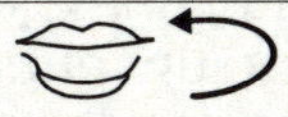 :

dans 17 le chiffre des dizaines est 1 ;

j'ajoute 1 au chiffre des dizaines

1 dizaine + 1 dizaine =

2 dizaines

17 + 10 = 27

En suivant cette méthode je peux et je sais ajouter 20, 30…

NB : donner la fiche décodée à l'élève

ENSEIGNANT

FRANÇAIS ORTHOGRAPHE	EXERCICE D'ÉDUCATION DU GESTE DE MÉMORISATION	CAF 2e et 3e année CA

Apprentissage d'un mot d'usage

Introduction

L'apprentissage des mots d'orthographe lexicale est mené simultanément à la découverte des sons. L'apprentissage des mots nouveaux doit être effectué selon certaines étapes (voir *Pédagogie des moyens d'apprendre* et *Tous les enfants peuvent réussir,* A. de La Garanderie). Il demande que l'enseignant prenne du temps; toutefois c'est grâce à un entretien régulier à la maison que la mémorisation s'effectue parfaitement; il n'y aura de réussite que si les étapes sont suivies méthodiquement.

C'est la raison pour laquelle cette fiche est adressée aussi aux parents.

Quand et par qui?

Dès que l'élève commence l'apprentissage des mots d'orthographe, les parents sont convoqués pour une brève réunion d'information, au cours de laquelle cette fiche (rédigée selon les principes d'A. de La Garanderie dans les deux ouvrages cités ci-contre) leur est présentée.

Les différentes étapes sont expliquées, l'importance de chacune est soulignée. Les parents sont sensibilisés au temps qu'exige un tel travail.

FICHE MÉTHODOLOGIQUE PARENTS ET ENSEIGNANTS

Apprentissage d'un mot d'usage

Exemple : visage (ce mot est écrit au tableau)

1. L'élève doit regarder le mot pour le revoir (le « photographier »).

2. Pendant qu'il l'évoque (qu'il le revoit), le lui prononcer pour qu'il le réentende ou se le redise, puis le lui faire répéter.

3. En aborder le sens par l'emploi de courtes expressions, synonymes, gestes…

4. Faire repérer les bizarreries (particularités) à mémoriser.

• Dire : « Dans visage, [ʒ] s'écrit avec un **s** entre deux voyelles ;
[ʒ] s'écrit avec un **g** entre deux voyelles. »

Faire redire par un ou deux élèves.

• Le faire évoquer

5. Repasser les bizarreries avec des couleurs différentes :

visage en répétant les deux phrases ci-dessus.

• Évoquer le mot, avec les couleurs.

6. Épellation

• Prononcer le mot « visage »,
• puis épeler v - i - s (qui se prononce [ʒ]) - a - g doux - e.
• Évoquer l'épellation.

7. Le mot est effacé. Il est récrit sur l'ardoise par chaque enfant.

8. Vérification : d'après le modèle sur son tableau l'élève vérifie lettre par lettre.

ENSEIGNANT

FRANÇAIS DICTÉE	EXERCICE D'ÉDUCATION DU GESTE DE MÉMORISATION	CAF 2e année

Mots d'orthographe d'usage

Cette fiche a été aussi conçue pour les parents qui font faire des dictées à la maison.

Introduction

Cette fiche fait suite à la fiche précédente : ***Orthographe, apprentissage d'un mot d'usage.***

En effet, on remarque souvent que bien que les élèves aient travaillé ces mots en gestion mentale à l'école, qu'ils aient repris ce travail à la maison, souvent en gestion mentale, ils échouent au début lors des premières dictées.

Le dialogue pédagogique permet de déceler que les étapes n'ont pas été suivies chronologiquement ou que certains points ont été oubliés.

Il est donc indispensable d'avoir une trace écrite de référence.

Quand et avec qui ?

Dès que les sons étudiés concernent des mots du programme d'orthographe (mi-octobre), les mots sont consignés dans un tableau et les particularités orthographiques (bizarreries) repassées au feutre ; c'est donc à ce tableau qu'il est fait référence.

Pour élaborer la fiche les élèves reprennent spontanément les étapes suivies lors de l'apprentissage en classe.

Prolongement

Avant les premières dictées, la méthodologie sera répétée.

En cas d'erreurs trop nombreuses l'élève sera invité à revoir cette fiche…

FICHE DÉCODÉE

Quand maman, papa, la maîtresse dit un mot :

1. Je fais revenir ce mot dans ma tête et je le revois à sa place dans le tableau.

2. Je revois les bizarreries qui sont repassées au feutre et qui clignotent.

3. Je parle des bizarreries comme je l'ai fait en classe.

4. J'épelle le mot → je dois parler de la bizarrerie comme je l'ai fait au **3**.

5. J'écris le mot en disant les lettres comme au **4** et en parlant de la bizarrerie comme au **3**.

6. Je lis le mot que j'ai écrit (est-ce que je vois les lettres épelées en **4** – les bizarreries dites en **3** ?) sinon j'efface et je recommence au **1**.

FICHE MÉTHODOLOGIQUE ÉLÈVE

Pour réussir la dictée à l'école ou à la maison

Quand

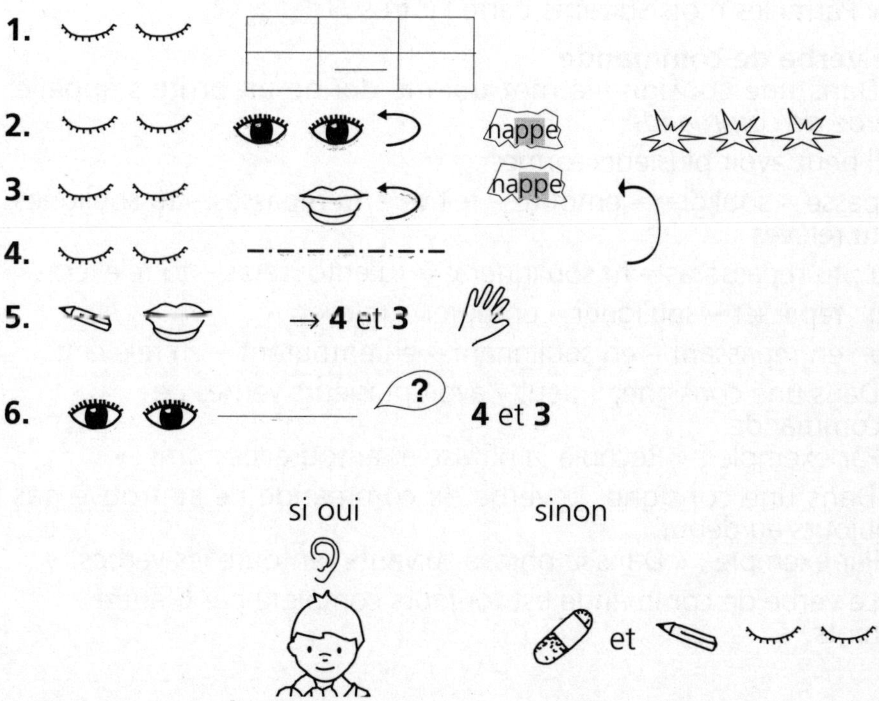

GESTE DE RÉFLEXION
FICHE MÉTHODOLOGIQUE ÉLÈVE

CYCLE II
CYCLE III

La lecture des consignes
– fiche 1 –

Révision : des exemples de consignes

– « Repasse les noms. »
– « Relier par un trait les dessins de même forme. »
– « Tu colories les cases des verbes au présent. »
– « Tu rangeras les nombres du plus grand au plus petit. »
– « Observe et continue le travail. »
– « Tu poseras et tu effectueras les opérations. »
– « Recopie les phrases en les mettant au futur. »
– « Dans la phrase suivante entoure les noms. »
– « Parmi les mots suivants barre l'intrus. »

Le verbe de commande

• Dans une consigne le mot qui me donne un ordre s'appelle *verbe de commande.*

• Il peut avoir plusieurs formes :

repasse – souligne – entoure – relève – tu repasses – tu soulignes – tu relèves

ou : tu repasseras – tu souligneras – tu entoureras – tu relèveras

ou : repasser – souligner – entourer – relever

ou : en repassant – en soulignant – en entourant – en relevant.

• Dans une consigne, il peut y avoir plusieurs verbes de commande.
Par exemple : « Recopie la phrase et entoure les noms. »

• Dans une consigne, le verbe de commande ne se trouve pas toujours au début.
Par exemple : « Dans la phrase suivante, entoure les verbes. »

• Le verbe de commande est toujours complété par d'autres mots.

GESTE DE RÉFLEXION
FICHE MÉTHODOLOGIQUE ÉLÈVE

CYCLE II
CYCLE III

La lecture des consignes – fiche 2 –

Quand je dois faire un travail précédé d'une consigne je dois :

1. Lire plusieurs fois la consigne jusqu'au bout et l'évoquer.

2. Chercher les verbes de commande et les surligner.
Les évoquer (qu'est-ce que relever, entourer, souligner, etc.).

3. Chercher les mots qui complètent le verbe de commande, les relier au verbe par une flèche au crayon (jusqu'à ce que je sois complètement renseigné).
Les *évoquer,* c'est-à-dire faire acte de réflexion sur ce que je sais, que j'ai appris…

4. Faire l'exercice.

5. Vérifier en relisant la consigne que j'ai bien fait tout le travail demandé.

Note pour les instituteurs et les parents

Un tel travail régulièrement mené permet aux élèves d'améliorer de façon appréciable leurs résultats, les mauvaises notes n'étant dues parfois qu'à une lecture très superficielle de la consigne.

ENSEIGNANT

FRANÇAIS	EXERCICE D'ÉDUCATION DU GESTE DE MÉMORISATION	CAF 3ᵉ année

Pour apprendre une poésie

Introduction
Pour certains enfants, l'apprentissage d'une poésie ne se fait pas de façon spontanée, il est nécessaire de leur permettre de découvrir une méthode qu'ils utiliseront pour mémoriser leur poésie.

Quand et avec qui ?
Cette fiche est élaborée en classe, avec les élèves. L'enseignant leur propose d'apprendre une poésie « sur la neige », puis conduit un dialogue pédagogique avec les enfants. Cela amène la construction de la fiche méthodologique (jusqu'au **5** de la fiche).
Une réflexion est également menée en classe lors de la récitation de poésies apprises à la maison, elle permet de compléter la fiche par le paragraphe **6** (l'imaginaire d'avenir).

FICHE DÉCODÉE

1. Projet

2. Lecture

3. Récitation avec la poésie

4. Récitation de mémoire

5. Vérification

6. Imaginaire d'avenir

FICHE MÉTHODOLOGIQUE ÉLÈVE

Pour apprendre une poésie

1. J'ai le projet de réciter ma poésie devant la classe.
je me vois je me raconte

2. Je la lis en **comprenant.**

→ je vois des images, un film…

→ je raconte

3. Je la dis
* en voyant les images,

* en la répétant

4.

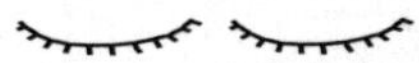

Je revois
Je réentends

} pour redire la poésie.

5. Je vérifie

Je dois dire la même chose que ce qui est écrit dans le cahier, sinon je refais **3**, **4**, **5**.

6. Je la récite en imaginant que je me trouve dans la classe.

*les mots

Sur la neige
un doigt dessina
la silhouette blonde
d'un lion.

NB : donner la fiche décodée à l'élève

ENSEIGNANT

COMPRÉHENSION	EXERCICE D'ÉDUCATION DU GESTE DE MÉMORISATION	CAF 2e année 3e année CA

Lire un énoncé

Introduction

L'expérience montre que les difficultés en situations problèmes sont dues à une mauvaise lecture de l'énoncé. L'élève la plupart du temps reste en perception action lors de cette lecture,

il a comme projet : **1.** d'aller vite voir la question posée ;

2. de faire des opérations avec les nombres donnés.

La méthodologie lui permet de passer d'une perception action à une analyse réflexion par l'évocation de cet énoncé telle qu'elle est décrite ci-après.

Cette pratique a permis de débloquer de nombreux élèves par la réussite qu'elle a entraînée.

Cette méthodologie est lue, apprise et évoquée.
Elle sera récitée oralement et par écrit.

FICHE MÉTHODOLOGIQUE ÉLÈVE

Quand je dois résoudre un problème, <u>avant de commencer les calculs</u> je dois :

1. Lire l'énoncé et le mettre complètement dans ma tête pour être capable de le redire, le raconter avec mes mots.

2. Me faire des images concrètes de cet énoncé : ce que me dit le texte peut exister dans la réalité, je dois le voir ou le faire exister en m'en parlant.

3. Essayer de comprendre les mots qui me semblent difficiles (je peux demander à la maîtresse ou chercher dans le dictionnaire).

4. Chercher les petits mots clés (à-de-l'un-pièce-pour…) évoquer leur sens.

5. Compléter un tableau dans lequel j'écris :
a) ce que je sais et je fais un schéma ;
b) ce que je cherche en reformulant la question avec mes mots ;
c) ce que je ne sais pas et dont je vais avoir besoin pour trouver ce qu'on me demande.

a Je sais	c Je ne sais pas et je dois calculer	b Je cherche
 Schéma de ce qui est su par l'élève	Completus fuit presens liber anno Domini millesimo quadrigente simo octuagesimo secundo, die sexta mensis Julii post translati-nem beati Martini. L'élève pose les éléments qui lui manquent (ce qu'il ne sait pas) pour trouver ce qu'on lui demande.	Completus fuit presens liber anno Domini millesimo quadrigente simo octuagesimo secundo, die sexta mensis Julii post translati-nem beati Martini. Question reformulée : ce qui est demandé et que l'enfant cherche.

Des flèches de couleurs différentes feront ressortir sur le schéma ce qui correspond aux colonnes b) et c) et permettent par une visualisation claire de comprendre ce qui est à calculer.

ENSEIGNANT

FRANÇAIS ORTHOGRAPHE GRAMMATICALE	EXERCICE D'ÉDUCATION DU GESTE DE RÉFLEXION	CAF 2e année CA 3e année

Les homonymes grammaticaux : SON-SONT

Introduction

Très souvent, dans les dictées, les exercices de grammaire et de conjugaison, les enfants sont amenés à orthographier correctement les homonymes grammaticaux.

Une fiche de méthodologie, réalisée en classe avec les élèves, sera un support visuel et verbal permettant de savoir analyser la situation rencontrée, de trouver une solution pour appliquer et s'expliquer une règle de grammaire.

Quand et avec qui ?

Cette fiche sera commencée dès le CE1 et sera complétée au fur et à mesure des acquisitions. Telle qu'elle est présentée ici, elle correspond au début du CM1.

Bien que la réalisation de la fiche soit le résultat d'un travail collectif, l'enseignant devra avoir, au préalable, recherché tous les cas de figure, les avoir classés et avoir réfléchi à une présentation respectant les procédures des élèves visuels, verbaux, appliquants, expliquants, de manière à aider efficacement chacun au cours du dialogue pédagogique conduisant à l'élaboration de cette fiche.

NB : afin d'éviter d'orthographier les homonymes SON-SONT en début de fiche, il a été choisi de les symboliser par le graphisme Δ.

FICHE MÉTHODOLOGIQUE ÉLÈVE

Les homonymes grammaticaux SON-SONT

Quand  Δ 

 ?

Δ groupe nominal
Δ est placé devant un groupe nominal

Exemple : Le chien ronge Δ os
Δ grand ami est revenu

si Δ → mon, ton
Δ → idée de propriété de possession

alors
Δ est un déterminant adjectif possessif

il s'écrit
↓
son

Le chien ronge **son** os
Son grand ami est revenu

groupe nominal + Δ + participe passé
adjectif
groupe nominal complément

Δ est placé après un GN et suivi d'un p.p., adj. ou GN complément

Ex : Les joueurs Δ partis dans les vestiaires
Les lapins Δ dans la forêt

si Δ → paraissent, semblent, se trouvent
Δ → idée d'état, de position, de situation

alors Δ est la 3e personne pluriel du présent du verbe être

il s'écrit
↓
sont

Les joueurs sont partis dans les vestiaires.
Les lapins **sont** dans la forêt.

ENSEIGNANT

HISTOIRE	EXERCICE D'ÉDUCATION DU GESTE DE MÉMORISATION	CA

Pour apprendre un résumé d'histoire

Cette fiche est destinée aussi bien aux enseignants qu'aux parents.
Comme nous l'avons énoncé au chapitre « Les gestes mentaux », un sujet plutôt visuel n'a pas naturellement d'évoqués de temps, de chronologie (voir page 61) : « Sa compréhension surgit d'une évocation visuelle de la globalité. » Apprendre un résumé d'histoire est une tâche particulièrement difficile pour lui.

FICHE MÉTHODOLOGIQUE ÉLEVE

Avant de vouloir mémoriser le résumé il faudra :

- Lire le résumé ou écouter la lecture de ce résumé.
- Souligner les mots présentant une difficulté, en rechercher le sens dans le dictionnaire ou s'en faire donner l'explication ; mettre sur cette explication une évocation visuelle de scènes, d'objets, de personnages (PI), avec évocation de l'écriture du mot.
- Entourer les dates et les placer sur une frise chronologique.
- Relever les noms d'États, de pays, de villes, de lieux et les situer sur une carte (évocation visuelle de la carte).
- Schématiser spatialement le résumé à partir des différents éléments ainsi isolés et évoqués (placer ligne par ligne les événements successifs dans leur chronologie d'une part, d'autre part représenter le résumé tel qu'il est spatialement en positionnant uniquement les mots clés à la manière d'une reconstitution de texte).
- Apprendre le résumé en évoquant les images visuelles ainsi constituées.

CONCLUSION

Dans les écoles qui ont introduit la gestion mentale dans leur pratique pédagogique, que ce soit en équipe enseignante ou ponctuellement dans telle ou telle classe, telle ou telle matière, nous pouvons noter d'importantes modifications tant chez les enseignants, les élèves que chez les parents eux-mêmes.

Pour les enseignants, il est important de rappeler qu'aucun de nous n'a changé de méthode d'apprentissage de la lecture, de manuel de mathématiques ou de livre d'exercices de grammaire depuis que nous incluons les données de la gestion mentale dans notre travail. La gestion mentale n'a pas invalidé les choix pédagogiques que nous avions faits auparavant.

Mais nous avons acquis davantage de rigueur (et non de rigidité), ciblant mieux nos objectifs. L'idée de « production » à outrance n'existe plus, puisque nous savons que rien ne sert de faire faire des pages d'exercices s'il n'y a pas évocation, projet ou autre composante de la gestion mentale de l'élève. Le respect du temps de l'apprentissage et du rythme de l'enfant acquiert une signification plus concrète. Nous voyons disparaître les comportements inefficaces dès lors que les élèves sont suffisamment informés de leurs stratégies mentales et des processus d'apprentissage. Il devient inutile de faire recopier des listes de mots mal orthographiés, des formules mathématiques... Il devient inconcevable de renvoyer un enfant à sa place plusieurs fois sans indice ni conseil ou mise en projet pour rectifier une erreur qu'un bref dialogue pédagogique aurait pu mettre en évidence.

Dans notre travail d'enseignant, rien de magique, pas de recette miracle, toute formation pédagogique demande du temps, une élaboration de techniques, une prise de conscience de ses potentiels, une ouverture aux autres. *C'est ce cheminement que propose la gestion mentale.* La pratique de classe perdrait sa richesse sans une formation toujours renouvelée de l'enseignant, et cette formation elle-même resterait vaine si elle n'était pas revitalisée dans le concret d'un groupe-classe.

Si la gestion mentale nous donne une grille de lecture des processus mentaux, le maître doit, avant tout acte pédagogique, faire sa propre introspection cognitive pour découvrir ses mécanismes : l'aide à la prise de conscience des processus de l'enfant passe nécessairement par la prise de conscience personnelle du maître. Dans sa pratique de classe, l'enseignant doit sortir de sa propre « langue maternelle » pour être compris de tous. Ayant confiance dans les possibilités de ses élèves, il n'hésitera pas à leur laisser le temps d'évocation nécessaire pour leur permettre d'élaborer leurs résolutions. Il facilitera le dialogue pédagogique, permettant ainsi à chacun de révéler sa propre richesse et de s'enrichir de celle de l'autre.
Afin de garder foi en sa mission et d'affiner ses pratiques pédagogiques, l'enseignant qui travaille à l'aide de la gestion mentale doit le plus possible rester en contact avec d'autres collègues, au sein de groupes de recherche ou lors de sessions, de stages de formation. L'entraide dans une relation de réciprocité apparaît toujours comme une donnée fondamentale de progression.

Chez les élèves, nous constatons une grande capacité d'attention et une qualité d'écoute des consignes exceptionnelle. Petit à petit les enfants perdent l'habitude de la précipitation dans l'action sans réflexion et acceptent de prendre le temps nécessaire pour analyser et exercer leur esprit critique.
Grâce au dialogue pédagogique, le climat de la classe se modifie : les enfants ne se sentent plus jugés par les autres. Ils découvrent que le maître n'est pas là pour sanctionner mais pour aider, qu'il croit en leurs capacités et leur fait confiance.

Les parents peuvent être initiés à la pédagogie de la gestion mentale au cours de réunions organisées par les enseignants eux-mêmes*. Lors de ces rencontres, mis en situation d'apprenants pour quelques heures, ils découvrent la diversité des processus d'apprentissage et prennent conscience que leurs enfants sont différents d'eux-mêmes et sont capables de réussir par des cheminements personnels. Pour beaucoup c'est une révélation ! À la suite de ces séances, enseignants et parents peuvent parler un langage commun concernant la scolarité des enfants, et le travail à la maison cesse d'être une source de conflit.

* Certaines associations assurent des formations destinées aux parents pour l'aide aux devoirs.

Pour compléter ces témoignages n'oublions pas l'apport exceptionnel de cette pédagogie aux psychologues de l'éducation.
Elle ne peut évidemment résoudre toutes les difficultés, mais elle permet le plus souvent de dépasser le poids du passé et le fatalisme qui en découle. Au cours du dialogue pédagogique, le ou la psychologue permet à l'enfant de prendre conscience de ses stratégies mentales : de celles qui l'amèneraient à la réussite et de celles qui le vouent à l'échec. La prise de conscience rend l'élève motivé et actif dans la recherche de solutions à ses difficultés scolaires. La spécificité du rôle du psychologue dans une équipe éducative lui permet d'analyser de quel ordre sont les difficultés de l'enfant et de savoir vers quelle aide appropriée l'orienter. La gestion mentale est un pont entre la compréhension clinicienne du psychologue et celle, pédagogique, de l'enseignant. Grâce à un langage commun et à leur complémentarité, ils peuvent se rejoindre au sein de l'équipe éducative pour une étroite collaboration, au bénéfice des enfants.
Ainsi cet ouvrage est le résultat d'expériences de classe et de formation continue d'enseignants. Cependant, cette recherche n'exclut en rien la connaissance d'autres approches. Elles sont centrées sur la connaissance de soi, l'acte d'apprendre, mais chacune a sa spécificité. Elles sont ainsi complémentaires.
La gestion mentale n'enferme pas l'être humain dans des spéculations intellectuelles, mais elle s'incarne dans un individu. Ainsi toutes les techniques qui mettent l'accent sur la détente du corps et du cerveau (sophrologie, yoga, kinésiologie) rendent plus performantes les propositions de la gestion mentale.
À partir des connaissances sur le fonctionnement du cerveau et d'une analyse des « constantes » de la communication, la PNL* propose une méthodologie du changement, afin d'acquérir des outils pratiques pour une communication efficace. Les techniques d'observation du comportement extérieur proposées par la PNL ne seraient-elles pas une « première approche » des profils pédagogiques ? Le « contact positif », « l'empathie » décrits par Carl Rogers n'apparaissent-ils pas comme un préalable au dialogue pédagogique ? La démarche du docteur Vittoz (acte conscient, exercices d'attention) aiguise la capacité d'accueil des différentes perceptions, permettant ainsi l'enrichissement de la palette évocative.
Pour illustrer notre propos, nous nous contenterons de ces quelques

* PNL : programmation neuro-linguistique.

approches, car au stade de notre étude il ne s'agit pas de faire un inventaire exhaustif des divers travaux psycho-pédagogiques mais de bien comprendre que la connaissance des différentes recherches de nos contemporains est indispensable à notre recherche et évolution en gestion mentale. Cette dernière permet à l'élève d'apprendre à apprendre ; non seulement il accède à des connaissances, mais il est capable de leur donner *un sens*. Il aura découvert ce sens en lui-même et dans la relation constante avec les autres que permet le dialogue pédagogique. Piaget écrit : « L'enfant acquiert ses connaissances et ses valeurs morales par construction de l'intérieur et par interactions avec l'environnement en créant, coordonnant des relations. » Grâce à « l'intuition du projet de sens », l'enfant atteint une véritable autonomie.

L'acte pédagogique en gestion mentale évite les deux dérives habituelles : de tout centrer sur le formateur démiurge tout-puissant ou sur le programme référence absolue. L'enfant retrouve de ce fait son rôle dans la situation d'apprentissage : il est enfin autorisé à être co-auteur, acteur de son savoir.

« Si un homme ne marche pas au même pas que les autres
c'est peut-être parce qu'il entend une autre musique.
Laissons donc chaque homme marcher au rythme du tambour qu'il entend. »

Thoreau

Bibliographie

Barth B.M., *L'Apprentissage de l'abstraction,* Retz, Paris, 1987.

Bentolila A., Chevalier B., Falcoz-Vigne D., *La Lecture : apprentissage, évaluation, perfectionnement,* Nathan, Paris, 1991.

Charmeux E., *Apprendre à lire : échec à l'échec,* Milan/Éducation, Toulouse, 1987.

La Garanderie A. (de),

– *Les Profils pédagogiques,* Le Centurion, Paris, 1980.

– *Pédagogie des moyens d'apprendre,* Le Centurion, Paris, 1982.

– *Le Dialogue pédagogique avec l'élève,* Le Centurion, Paris, 1984.

– *Comprendre et imaginer,* Le Centurion, Paris, 1987.

– *Défense et illustration de l'introspection,* Le Centurion, Paris, 1989.

– *Pour une pédagogie de l'intelligence,* Le Centurion, Paris, 1990.

– *La Motivation,* Le Centurion, Paris, 1991.

– *Tous les enfants peuvent réussir* (en collaboration avec G. Cattan), Le Centurion, Paris, 1988.

– *On peut tous toujours réussir,* Le Centurion, Paris, 1991.

– *Gestion mentale n° 1,* Bayard Éditions, Paris, 1991.

– *Gestion mentale n° 2,* Bayard Éditions, Paris, 1991.

– *Gestion mentale n° 3,* Bayard Éditions, Paris, 1992.

– *Gestion mentale n° 4,* Bayard Éditions, Paris, 1992.

Pages F., Actes du colloque d'Angers, *Gestion mentale n° 2,* Bayard Éditions, Paris, 1991.

Smith F., *Comment les enfants apprennent à lire,* Retz, Paris, 1980.

Toresse B., « *Comment apprendre à lire aux enfants de 6-7 ans ?* », Hachette Classiques, Paris, 1988.

Trocme-Fabre H., *J'apprends donc je suis,* Éditions d'organisation, Paris, 1987.

Achevé d'imprimer en avril 1995
sur les presses de
l'imprimerie Carlo Descamps
à Condé-sur-l'Escaut
Dépôt légal : octobre 1993
N° d'imprimeur : 255
N° d'éditeur : 861